実践！「やじうま広報塾」

島谷泰彦

目次

第二部　己はいま、何をすべきか

「人を動かす共感力」　まえがきに代えて

「やじうま広報塾」は、二〇一五年四月、創塾二〇周年を迎えた。

本書は、毎月発行する塾報『やじうま』の巻頭に書き続けた「塾長コラム」を基にしている。その一本一本に感慨がある。

塾報最終頁に「広報塾は、毎月の例会と年一回の合宿で運営されます」という案内が載っていて、塾長の私は「人間を好きになる」という表題の一文を書いた。

「より美しい企業風土をつくってほしい。広報部門は、その中枢にあるんだ。がんばれ！　広報」

そんなねがいをこめて、財団法人経済広報センターが発行する『経済広報』誌に一九九四年四月号から一年にわたり、コラム「やじうま広報塾」を連載した。幸いにも多くの読者の共感を得て、「そのまま、やじうま広報塾を開塾したらどうか」という。筆者冥利につきるおもいだった。一つの文から出会いが生まれたのだ。

なんでも見てやろう、聞いてやろう。そして言いたいことを言おうじゃないか。広報担当者は、好奇心旺盛でなければ務まらない。軽快なフットワークも求められる。ときには第三者の目で自分の会社を見つめることも必要だろう。「やじうま」と名付けたゆえんである。

「いちばん大切なのは、人間を好きになることだ。同志的な絆を強めていきたい」

「嘘をつかない、逃げない、隠さない」をモットーにしている。

現在、大手住宅会社ポラスの広報課長丸岡淳さんを事務局長に、気鋭の若手広報パースン約三〇人

（うち三分の一は女性）が三つのチームと塾報編集部および事務局に分かれて、毎月の例会講師選びや合宿のテーマ設定、塾報の編集企画などアイデアを競いあう。

企業の社会的責任（ＣＳＲ）が問われるいま、企業の広報担当者はスポーツや音楽にも関心を持ちたい。そこで、サッカーJリーグのチェアマン、村井満さんを講師に招くとともに、課外授業として埼玉スタジアムにおける浦和レッズとヴィッセル神戸の試合を見学した。一方、日本フィルハーモニー交響楽団の特命・山岸淳子さんの話を聞くとともに演奏会の練習風景まで見学させていただいた。

広報はずばり、人間の問題なのである。

旧聞になるけれど、みなさんご存知、ＴＢＳ日曜劇場の連続ドラマ『半沢直樹』は、二〇一三年九月二二日、民放のテレビドラマとしては最高の視聴率（瞬間最高で関東地区四六・七％、関西地区五〇・四〇 ％）を記録して終わった。

「俺は生来、性善説だ。しかし、やられたら倍返しだ」

銀行の中間管理職、半沢直樹は、「失敗は部下の責任、手柄は自分のもの」という上司に敢然と立ち向かう。

原作は直木賞作家・池井戸潤のベストセラー小説『オレたちバブル入行組』『オレたち花のバブル組』（いずれも文春文庫）の半沢直樹シリーズ。本も面白いがテレビドラマの主演・堺雅人も魅せる。最終回、親の仇、銀行の上司である香川照之演ずる大和田常務を土下座させる場面、堺、香川の迫真の演技もあって圧巻だった。溜飲を下げた視聴者は多かったに違いない。だが、最後にどんでん返し。半沢は子会社の証券会社に出向を命じられるのである。

当方は、シリーズ三作目の『ロスジェネの逆襲』（ダイヤモンド社）を読んでいるので、当然の幕切れと受け止めた。話の筋は、ＩＴ企業の買収、乗っ取りを背景に親銀行の証券部との闘い。きわめて今日的なテーマだ。率直に言って『続半沢直樹』の放映が待ち遠しい。原作者は岐阜県出身の五一歳。慶應義塾大学文学部、法学部を卒業。銀行勤めを経て作家の道に。

私は直木賞受賞の『下町ロケット』（小学館）を読んでファンになった。

読者は、強気をくじく展開に共感し、没入する。半沢直樹のセリフは、教訓的でさえあった。たとえば『ロスジェネの逆襲』のなかで半沢は、部下に言う。

「どんな世代でも、会社という組織にあぐらをかいている奴は敵だ」

そして半沢は言い切る。

「人事が怖くてサラリーマンがつとまるか」

そうだ、そうだと相槌をうつ。負けるな半沢、と。

みなさんには、そういう経験がありますか。口はばったいが、私にはある。

四七年前の一九六八年秋、産経新聞経済部から新夕刊発行のプロジェクトチームに異動を命じられた。なんでオレが、と思い、フリーライターの道に進むか真剣に考えた。このときは尊敬する先輩に「挑戦してみろよ」と気合を入れられ退職は踏みとどまった。

『夕刊フジ』は六九年二月二五日に創刊した。快調な船出だった。自信を持ったのか経営首脳は定価一〇円を二〇円に値上げした。応援してくれた読者に、それこそ「倍返し」。シャレにもならない。

子会社の社長は、創刊メンバー四七人に檄を飛ばした。

「この値上げが失敗したら、君たちはもう親会社（産経新聞）に戻れない」

むかっとした私は、思わず立ち上がった。

「成功したらどうしてくれるんですか。たとえば月給を上げる。あるいは人員を増やす。もっと広い部屋に移る。前向きな施策を示してください」

飛ばされることは覚悟したが、五五歳の定年まで勤め上げた。

現在、古巣との縁はない。だが、一九九五年に旗揚げしたわが「やじうま広報塾」の同志、渡辺祐二さんはTOTO入社以来二〇数年、『夕刊フジ』を読んでくれている。聞けば父君も愛読者という。

話を本線に戻そう。

私は、『ロスジェネの逆襲』を読みながら、次のフレーズに赤線を引いた。

「仕事の質は、人生そのものの質に直結する」「正しいことは正しい、と言えること」「世の中の常識と組織の常識を一致させる」

テレビドラマの幕が降りた後、メディアは一斉に「半沢直樹」を取り上げた。二〇一三年九月二九日の朝日新聞に掲載された中町綾子日本大学教授（テレビドラマ表現分析）のコメントを引用したい。

「閉塞感に覆われた現状を打破するため、一人一人の責任こそが問われるべきだ、というメッセージをしたたかに内蔵した、時代と巧みに共振していると思う」

ライバルのフジテレビ社長、亀山千広氏の発言も清々しい。

「民放から時代劇がなくなった時代に、ちょんまげを結っていない気持ちいい勧善懲悪の時代劇。みえを切るシーンがあり、立ち回りまである。町娘風の半沢の妻も存在する。見事としかいいようがない」

ついでといっちゃなんだけれど、NHKの朝の連続テレビ小説『あまちゃん』も評判がよかった。岩手県の北総の人たちが驚いたときに発する「じぇ・じぇ・じぇ」の方言は、私のような都会の爺さんまで使うようになった。

「人を動かす共感力」　まえがきに代えて

「倍返し」と「じぇ・じぇ・じぇ」は文句なしに二〇一三年流行語大賞に選ばれた。

男子サッカー日本代表W杯出場が決まった二〇一三年六月夜、東京・渋谷駅前のスクランブル交差点界隈はサポーターであふれた。群衆整理に当たる機動隊。車両の上から水色の制服姿の若い警察官がソフトに呼びかける。

「みなさんは一二番目の選手です。チームワークをお願いします」「目の前にいるおまわりさんは、みなさんが憎くて怖い顔をしているわけではありません。心の中ではW杯出場を喜んでいるのです」

笑顔、笑顔。混乱は未然に防がれた。

この模様はネット上に動画で流れ、「いいぞいいぞDJポリス」と称賛の声が拡がった。DJは第九機動隊に属する二〇代の「広報係」だった。

聞けば、機動隊に広報係が設けられたのは一九六二年のこと。七〇年からは「機動隊警備広報競技会」が開かれ、DJは二〇一三年の競技会で優勝。検定試験では数人しかいない「上級」に合格しているという。

あらためて考える。「半沢直樹」も「じぇ・じぇ・じぇ」「DJポリス」も、そこに人を動かす共感力のようなものがある。

共感する。共感させる。広報の出番であろう。

プロローグ

マーケティングに強いH教授と盃を合わせながら会話した。

「コーポレート・コミュニケーションという英語を日本語に訳したら?」

H教授は、不意をつかれたのか、すぐに答えは出ない。

「コーポレートは、企業のこと。一方、コミュニケーションは、人間同士が思想、感情などを伝え合う働きを意味しますね」

お互いにわかっていながら、二つをつなげた日本語が思いつかないのだ。

せっかちな当方、勝手に結論づけた。コーポレート・コミュニケーションの日本語訳は企業広報でどうか。その場合、パブリック・リレーション（PR）は行政広報やマーケティングに寄り添う広報と解釈しよう。

ある会合で司会者が、討論の全体像をまとめてくれたのは良いとして、私はその司会者に散会後、嫌味を言ってしまった。

「Aさん。今、あなたが話されたことをテープ起こししたとしましょうか。文章になりませんよ。ほとんどカタカナです」

実際にテープをとったわけではないけれど、こんな具合だ。

「グローバル・スタンダードの観点から言えば、今こそブランドイメージを確立するためのコーポレート・コミュニケーションを。それにはまず、コンプライアンスとインテグリティを両輪にコーポレート・ガバナンスを進めなければならない。もちろん、クライシスマネジメントは急務であり、そのためのナレッジマネジメントを行う。そしてそれらのグローバル・リテラシーは……」

もう、勝手にしやがれだ。

ＳＯＮＹ創業者の井深大さんが言われた言葉を思い出した。

「科学は、人間の問題です」

井深さんの遺言ともいえる意味深い言葉を引きずりながら私は、コーポレート・コミュニケーション、つまり企業広報も「人間の問題」と考える。

フリーになってほぼ四分の一世紀。広報に関心を持ち続けてきた。一九九五年には約三〇名の若い同志を糾合する「やじうま広報塾」を発足させた。単にジャーナリストという肩書をつけた名刺が無くなったら、堂々と、「やじうま広報塾塾長」の名刺をつくろうと思う。

企業広報とはなにか。

広報担当者は、会社と社会をつなぐ情報ステーションの中枢に位置している、という認識を持つ。トップを補佐する情報参謀なのだ。

大切なのは、経営者や社員ひとりひとりが社会の実情について関心を持ち、価値観の変化を意識する。

あなたは、風土改革の先兵である。

「広報の四原則」を示しておこう。

一、真実の原則　多発する企業の不祥事に共通するのは、嘘をつく・逃げる・隠す。この三つだ。

マスコミはいわば狩猟民族だけに、逃げたらどこまでも追いかける。言えない場合は、その理由をはっきり示す。「言えない」ことと「隠す」ことは違う。

二、公平の原則「メディアを差別をしない原則」と言ってもいい。記者も人の子である。取材の上で差別されたら怨念が生まれる。まず誠実に応接しよう。

三、相互交流の原則　広報担当者は、商品やサービスをPRするだけでなく、マイナス情報を積極的にくみ上げ、トップに直言する勇気を持ちたい。広報は企業内オンブズマンだ。

四、ヒューマンリレーションの原則　ずばり人間が好きか。そして好奇心はあるか。ネクラでは広報は勤まらない。求められる広報担当者の資質は、取材する側も同じだが、誠実さ（人間性）と反応の早さ（問題意識、センス）。単刀直入に言えば「あなたはマスコミと会話ができますか」

メールが入る。あるいは電話がかかってくる。パソコンの液晶画面や電話の向こうに、こちらの様子をうかがっている人がいるんだ、と気を引き締めよう。

もうすこし具体的に広報パースンの条件を付け加えると、次の五項目があげられる。

一、担当業務、業界、経済その他について幅広い知識を持つ。

二、社内外のコミュニケーションを行える優れた調整能力がある。

三、市民感覚がある。

四、トップにつながっている。しかも信頼されている。

五、社内に敵をつくらない。

ＩＲ担当ともなると、国際感覚、語学力、会計、法律などの知識も必要だろう。活動のキーワードとしては、広く・深く・長く。つまり、人脈は広く、専門知識は深く、「継続は力なり」ということ。

賢明なる諸氏は先刻、おわかりだろう。「企業広報は人間の問題」というフレーズだ。広報は、間違いなく人材を育てる。

企業人としては、人間力のある上司にめぐり会えるかどうか、という運もあるけれど、あなた自身が強い志を持ち、己を磨いていれば道は拓ける。

「一燈を提げて暗夜を行く。暗夜を憂うることなかれ。ただ一燈を頼め」

幕末の儒者、佐藤一斎の珠玉の語録だ。（講談社学術文庫『言志四緑』所載）

私は、四〇代に入ったころから「出会い・間合い・残心」を心がけるようになった。

これまで何度も書いたりしゃべってきたが、人と接する機会が多い広報担当者や、マスコミに身を置く者にとってはまず、出会いにこそ人生勝負のポイントがあることを強く認識したい。そして剣道の奥義である「間合い」「残心」を忘れない。それは誠実、気配り、思いやりなど、優しい心につながる。

メールのやり取りや手紙の交換も、まず相手のことを考える。パソコンの操作がぎこちない当方、せっかく頂戴した電子メールを見失うこと再三あり、大きなことは言えないのだが、メールの返信にはかなり気を遣っている。手紙もそうだ。原則としてハガキにはハガキ、封書には封書で対応する。

賀状は、あくまで個人と個人の問題、と私は解釈している。こちらが迂闊にも差し上げなかった場合、自宅の住所が記されていれば、「早々に賀状をくださって恐縮」という趣旨の一行を入れてお返しをする。だが、印刷された会社発信の賀状に自分の名前だけを記入したものは失礼ながら無視してしまう。

『一行の心を籠めし年始状』（高浜虚子）

印刷した賀状でも結構。でも一行をつけ加えたい。

電話では、いまだに忘れない不愉快な一件がある。二〇数年前、『夕刊フジ』に「いま会社はジェントリー」の連載をしていたころのことだ。

午前一〇時ごろ、取材したい企業の広報課に電話をかけた。取材の目的など、丁寧に説明したつもりだったが、電話口の男性からカミナリが落ちた。

「その新聞、オレ読んだことがないんだ。もってきてから話をしろよ」

わが手塩にかけたタブロイド版の夕刊をご存じないとは、かなりムッとしたが、そこはぐっと抑えて、「その連載掲載の新聞を持参してうかがう」と答えた。だが次の一言に私は切れた。

「オレ、二日酔いなんだ。あすにしてくれ」

もちろん、良い実例もある。ある造船会社建造のタンカーが再三事故を起こしていて、ついに船体真っ二つ、という事件まで発生した。会社のコメントを貰うため電話すると、広報部長のAさんは言う。

「少し時間をください。折り返し電話を」

Aさんは、社長のコメントをくれた。夕刊の締め切りに間に合った。A部長が社長談話を「創作」したに違いないが、私は、編集局長に「さすがだな」と誉められ、面目を得た。いや、さすがなのは、トップに信頼されているからこそ、すばやくコメントが出せるA広報部長のほうである。

結論を急ごう。コーポレート・コミュニケーション学があるとすれば、それは人間学であろう。

第一部　広報は人なり

一、現代広報の先達

壮大な『日本広報史』が完成した。日本広報学会のメンバー二〇数人が延べ二年余にわたり討論を重ね、文献を渉猟し、文を織りなした、いうなれば汗の結晶である。

広報史作成のチームがスタートしてまもなく、リーダーの濱田逸郎江戸川大学教授は一介のフリーライターに過ぎない私に「一席申し述べる」機会を与えてくれた。うれしかった。その際、押入れに眠っていたスクラップブック（産経新聞経済部時代に書いたマーケティングに関する連載記事など）やPRに関する諸資料を持参したが、今回のような企画がなかったら処分していたかもしれない。

一九六〇年、第一次安保騒動のころ、当時の電通社長吉田秀雄氏と、産経社長水野成夫氏の間で「広告記者会」を設けたらどうか、という考えがあり、まだ二〇代後半の若造のくせに記者クラブ結成の根回しを命じられた。それは時期尚早として実現しなかったが、電通開発部をバックとする記者有志による「広告研究会」が生まれている。

私は、マーケティングに興味があった。日本能率協会が発行する『市場と企業』、あるいは東洋経済発行の『ビジネス』にマーケティング情報やビジネス戦略の読み物を書きまくった。広報史的にいえば、一九六〇年代の第一次広報課新設ブームのころである。

そんなこともあり、一九九八年一二月に刊行された『企業の発展と広報戦略　50年の歩みと展望』（経済広報センター監修、猪狩誠也編、日経ＢＰ企画発行）では「第一部通史、第二章高度成長とマーケティング型広報の展開」を執筆した。

昭和が平成に変わるころ、夕刊フジ経済部長を最後に定年（五五歳）になり、フリーライターの道を選んだ。折りしも時代は、コーポレートシチズンシップ（企業市民）、フィランソロピー（社会貢献）、メセナ（企業文化）、カスタマーサティスファクション（顧客満足）など、いうなれば企業のイメージ戦略に関わるカタカナ語が氾濫するようになり、いささか辟易しながら、それでも精力的に取材して『「企業風土」大転換の時代』『百考は一行に如かず「企業社会」変革への決断』など広報担当者に向けた本を書き続けた。

そして、コーポレート・コミュニケーションや、ＣＳＲ（企業の社会的責任）の台頭。広報は進化すると思われたが、内部告発による不祥事が続発。「いまこそ広報」とわが身も含めて各位の奮起を求めるしかない。

今回の『日本広報史』では、私は年表を受け持ったが、貴重な資料になるはず、と自負している。二年を超える勉強の場では、多くの人から学識をいただいた。この先、慌てて歩くことはない。諸兄姉の文章をじっくり読みたいと思う。

ただ、途方もなく広がった広報史をまとめ上げたプロジェクト主査の猪狩誠也さんと、最年長で打ち合わせの会の重石になった黒水恒男さん。現代広報の先達二人を、私の手で活字に残したい。

過日、猪狩誠也さんと盃を合わせながら「広報」について語り合った。

「企業広報とは、一口で定義すれば〝社会との信頼関係を構築すること〟であり、その方法は〝フェアーな活動〟と〝情報の開示〟ではないか」と猪狩さん。

そして二人の意見が合う。

「広報とは何か。テクニックではなく、心意気であり、モラルであり、結局、人なんですね」

猪狩さんは一九三三年、東京に生まれる。太平洋戦争末期、静岡県に疎開。戦後、東京に戻り日本学園へ。現在、中高一貫の同学園は、杉浦重剛が一八八五年に創立した東京英語学校を発祥とする。杉浦は文明開化を先駆した教育者として名高いが、明治期のオピニオン雑誌『日本人』を発刊した言論人でもあった。

重剛の気風が残る学舎で六年間過ごしたせいか、ジャーナリズムを志向する。

早稲田大学第一商学部を五七年に卒業。ダイヤモンド社に入社した。そのころのわが国は「もはや戦後ではない」（一九五六年の『経済白書』のキャッチフレーズ）という繁栄を謳歌しはじめる一方、高まる米ソ対決―冷戦構造を背景に、日本国家の品格はアメリカナイズされていく。経済分野でいえば、米国の生産技術や経営マネジメントが怒涛の勢いで日本に導入される、そんな時代に新人編集者の猪狩さんは遭遇したのだ。

マーケティングの夜明けを告げる歴史的な一冊、V・パッカードの『かくれた説得者』の邦訳出版を担当した。東大の若き統計学者林周二氏がこの本の翻訳で経営学者の地歩を固めるが、猪狩さんは引き続いて編集に関わったパッカードの『浪費をつくり出す人々』で訳者の南博、石川弘義両氏のヒキを得ることになり、両氏が率いる社会心理研究所に入所、社会心理の研究にも没入する。

六〇年代が終わるころ、現代社会に警鐘を鳴らしたP・F・ドラッカーの不朽の名著、『断絶の時代』が出版され、ダイヤモンド社のドル箱になった。猪狩さんは企画の段階から参画し、ドラッカーの自宅を訪問している。

その後、月刊『近代経営』編集長を経て、七一年に三八歳の若さで取締役出版局長に栄転した。

だが、好事魔多しとはこのことか。社長室長に就任して間もない七三年、労働争議で荒れる子会社ダイヤモンドビッグ社の取締役を命じられる。同社は当時、就職ビジネスではリクルートセンター（現リクルート）と競い合っていたが、ビッグ社の場合、骨肉相争うような内紛状態に追い込まれ、管理職は全員が離脱。やむなく猪狩さんが代表取締役として事態の収拾にあたる。

悪戦苦闘が続く。ついにダウン。医者からは膀胱がんと告げられた。やむなく七七年に退任。ダイヤモンド社入社からちょうど二〇年だった。

「いまにして思えば、私は幸せでしたね。いろいろな節目でわが身を支えてくれる人が現われる。不思議です」

七八年、㈱現代経営研究会設立。同じ時期に発足した経済広報センターの機関誌『経済広報センターだより』（のち『経済広報』に改題）の企画編集に携わる。それは、東京経済大学コミュニケーション学部の教授に就任する九五年まで、実に一七年間続くのである。

「初めてアメリカを訪れた六八年末、ジェトロのニューヨーク事務所広報部長から野村総研のニューヨーク事務所長に代わられたばかりの徳山二郎さんに、いろいろと広報PRの話をうかがった。私に広報の眼を開かせてくださったのは徳山さん。そしてもうひとり、加固三郎さんには言葉にならないほどお世話になりました」

私も存じ上げる加固さんについて、少しふれたい。すでに故人になられたが、博報堂広報部長から電通PRセンター企画調査局長に移り、成城大学講師、文教大学教授などを歴任。PRの実務と理論の両面に強いことから「黎明期における日本PR界の高杉晋作」とうたわれた。

猪狩さんはフリーになったあと、現代広報研究所の副所長として加固所長を補佐するが、加固さんの教授就任により所長を継ぎ、さらに成城大学文芸学部マスコミ学科の非常勤講師を務める。

加固さんは、まるで明治維新の高杉晋作のように、志半ばで斃れた。その、いわば後継者でもある猪狩さんは、経済広報センターの企画参謀的な役割を担い、同センターの協力を得ながら、一九九五年の日本広報学会発足にこぎつけた。

私と猪狩さんの関係について言えば、拙著『企業に「心の人」あり』（一九九〇年）、『修羅場をくぐった広報マン』（二〇〇七年）でふれているように、経済広報センター機関誌における二回の長期（それぞれ一年）連載を忘れることはできない。その表題は一回目『広報は人なり』、二回目『やじうま広報塾』。そして後者は、読者、とくに経済広報センター「若手広報担当者の会」（通称「若担会」）のメンバーを中心に「表題そのままの塾を作ってくれないか」という声が上がり、いうなれば早いもの勝ち・三〇社を限度に、一九九五年四月、猪狩さんと、当時の経済広報センター国内広報部長山田達雄さん（日本広報学会前事務局長）を呼びかけ人として、恥ずかしながら「まえがき」でふれたように「やじうま広報塾」がスタートしたのだ。

話を本題に戻そう。猪狩さんとの出会いは、私が夕刊フジに在籍していた八〇年代半ばのこと。立場は、私が編集者であり、猪狩さんがライターだった。題して『企業の中のスポーツマン』。柔道・神永（新日鉄）、ラグビー・宿沢（住友銀行）、サッカー・松本（マツダ）、男子バレー・野口（松下電器）、野球・新治（大洋漁業）、テニス・南（朝日生命）など。スポーツだけでなく企業人としても立派に大成していくその姿を描いたもので、連載は評判を呼んだ。

ずかずかとプライバシーに入って申し訳ないが、五歳年下の雅代夫人の内助の功にふれたい。会社を辞め、癌と闘う夫は定期の収入がない。専業主婦の雅代さんは簿記スクールに通った上、経理の仕事で夫を支えたのである。

猪狩さんの業績、とくに著書を見ると、編著、共著が多い。たとえば『企業広報とは――実例と発言』『企業広報マニュアル』『広報・コミュニケーション戦略』『経営と広報』『企業の発展と広報戦略――50年の歩みと展望』『あなたは会社を棄てられるか』『コーポレートコミュニケーション戦略――経営変革へ向けて』『サラリーマン・ＯＬの生き方事典』『広報・パブリックリレーションズ入門』などなど。そこに、猪狩さんならではの衆知を生かす姿勢、ずば抜けたコーディネーター能力がうかがえる。

二、生きてる限りは青春だ

現役時代の友人から届いた賀状に「生きているかぎりは青春だね」という一行が添えてあり、思わずにっこりした。いまは亡き、われらが裕ちゃん、石原裕次郎が歌った『わが人生に悔いなし』の三番にそのフレーズがある。

そして、この人をコラムに書きたくなった。

黒水恒男さん、八三歳。筆者より学年はひとつ上だが、まさに「人間大好き・好奇心」のかたまり。曾孫がいる身ながら、いまだに若さを失わない。

プロフィルを駆け足でご紹介しよう。

一九三二年一月二日、ソウルで生まれた。四人兄弟のうち三人は夭折し、結果として一人っ子だ。旧制京城中学二年のときに終戦。北九州の小倉へ。夏の甲子園で優勝する小倉中学に編入、新制の小倉高校を卒業した。九州工大の工業化学科に進み、同時にそれまで活版のアルバイトをしていた朝日新聞西部本社に入社。新技術の写真植字導入に関わったが、働きながらの通学は認められず、一年後にあらためて京都大学に挑み、文学部の英語学科に合格した。記者になるのが夢だった。残念ながら卒業の年に朝日の記者募集はなく、留年して翌年の募集に臨んだが失敗。一九五六年、電通東京本社に入った。

社会人になるまで活版印刷をはじめ、進駐軍住宅の窓拭き、猟師、家庭教師などアルバイトを重ねる一方、京大ではヨット部に所属して活躍した。常に前向きの姿勢は、少年期に外地（朝鮮半島）から内地（日本）を眺めていたことと関係があるようだ。また、生来の人なつっこい性格からか、多くの人に可愛がられた。

電通では、ラジオテレビ局CM課に配属。クリエーティブの仕事を二年経験したあとラテ連絡（営業）に移った。三菱電機を皮切りに、ふとんの西川、キャタピラ三菱、資生堂、味の素、東洋工業（現マツダ）、日立製作所、東洋信託、日興証券、松屋、朝日麦酒、コカコーラなど、クライアントの業種は多岐にわたる。その間、第一回海外研修生（一九六二年）に選ばれ、半年ほどアメリカに滞在している。

「クライアントの期待に応えるには、まず情報力を鍛えること。そして相手の信頼を得なければなりません。人の縁、というものを大切にしました。じっくり話すと、どこかでつながりがあるんですね」

ビジネスの関係が終っても、付き合いは続く。たとえば、キャタピラ三菱とは四〇年の歳月を経たいまも、ときに集まりがあるそうだ。

時代が昭和から平成に替わるころ、広報室長を務めた。

「アグレッシブな広報をめざしました。たとえば、電通では大正一四年から毎年夏、社員の富士登山を行なっていますが、六〇回記念の年、アメリカで山登りが大好きという九一歳のおばあちゃんを招き富士登山を成功させた。大きな話題になったものです」

電通定年後は、電通PRセンター（現・電通パブリックリレーションズ）社長、社団法人日本パブリックリレーション協会理事長を歴任。現在はボランティアながら、日本広報学会、歴史検定協会、財団法人社会教育協会などに関わり、自宅でのんびりする暇もない。

社会教育協会は、大正一四年に設立されたもので、進学できない青少年、特に女性の教育に力を入れた。現在は、歴史認定試験のほか、外郭として日野社会教育センターがあり、生涯学習を推進している。

ソウル生まれの黒水さんは、日韓協力委員会理事、監事として日韓友好のために努力してきた。わが国屈指の韓国ロビイストといっていい。趣味に「日韓交流史探訪の旅」をあげるほど。

私ごとながら、数年前、彼が高校同期の面々と韓国に旅をした際、お供に加えてもらった。それ以来、私は名門・小倉高校同期会の名誉会員である。

筆者のことはさておき、黒水さんの社会活動は衰えを知らない。一九九〇年に北九州門司港の明治の名残がある地区を再生する「レトロ大使」を引き受けたのをはじめ、アルピニスト野口健さんが四年間にわたって行なったエベレスト清掃をサポート。さらに二年ほど前、豪雨で村が崩壊した三重県宮川村の再建に「宮川村特派員」というユニークな肩書きで協力。最近では、世界的なスキーヤー三浦雄一郎さんらによる「富士山測候所を活用する会」にも関わっている。

半世紀を超えるヨット歴は、はんぱではない。第一次南極越冬隊の隊長で、雪山賛歌の作詞家としても知られる元京大教授の故西堀栄三郎さんの知遇を得て、一九八二年からほぼ一〇年、同氏が所有するヨットを預かり、スキッパ（かじ取り、運航責任者）として延べ三〇〇〇人を乗せた。

悲しいことに先妻、後妻とも病気で亡くしたが、三人のこどもは独立。四人の孫とはじめにふれたように曾孫がひとりいる。

「悠々自適？　いやあ極楽とんぼですよ」

黒水さんと会話をしていると、しだいに引き込まれてしまう。きちっとした体験と、学識。知的好奇心を満足させてくれるのだ。

某日、こんな質問をされた。

「この地球上に一〇人しかいないとすると、どういうことになる？」

「さあ、わからないなあ」

「一人が世界の富の九九％を独占し、残りの一％を九人でわける。いまの地球の現状はそうなんですよ」

家に帰って新聞を見ると、国連統計の記事があった。切り抜いたのはいうまでもない。

そんな黒水さんと日本人論になった。結論を急ぐと、意見が一致したのは「人格が問題」という一点である。

「人格」とは何か。相手を思いやる、思いやれる。決して卑怯ではない。手柄は部下に、責任は自分に。惻隠の情がある。そして、嘘をつかない・隠さない・逃げない。そういう人物の風貌姿勢を総称して「人格」というのだろう。

黒水さんと私の会話に、あとから浜口（旧姓石川）智子さんが加わった。彼女はテレビのドキュメント番組を制作している敏腕プロデユーサーだが、かなりの黒水ファンらしい。

「私にとって、バイブルのような一冊。それは『自分の小さな「箱」から脱出する方法』という本ですが、読みながら、黒水さんこそ箱の外の人だな、と」

翌朝、浜口さんからくわしいメールをもらい、その日のうちに浜口さん推奨の本を手にした。

著者は、アービンジャー・インスティチュート（米国の研究所）。金森重樹氏という、若手敏腕のビジネスプロデューサーが監修している。発行元は大和書房。同書のさわりは、自己欺瞞という「箱」から出ない限り、人間関係は良くならない。それは会社も個人も同じだということ。私もみなさんに一読をおすすめする。

黒水恒男さん。ますます元気だ。人脈の作り方や行動力の秘密を教えてほしい。

三、出る杭は柱にする

やじうま広報塾が生まれて二年目の一九九七年の六月例会だった。私たちは、オムロンのもう一つの顔、ヒューマンルネッサンスコーポレーション（ＨＲＣ）の成田重行社長を訪ね、社長自ら研究、ビジネス化した中国茶サロンの話をうかがった。「出る杭は柱にするんだ」と言われた成田語録を忘れない。

成田さんは、オムロンの経営参謀として名を馳せ、そのすべてを凝縮させた名著がある。『実践戦略学』『超・戦略スタッフ』（いずれもダイヤモンド社刊）の二冊。同書で出会った方もいるだろう。

二一世紀型企業の創造を目指す長期構想『ゴールデンナインティーズ』の立案に関わった。それは、会社の意識改革――立石電機からオムロンへの社名変更を含むＣＩの導入であり、さらにヒューマンルネッサンス研究所（ＨＲＩ）の開設だった。

「機械にできることは機械に任せ、人間はより創造的な分野での活動を楽しむべきだ」と言い続けた創業者、故立石一真氏の企業哲学が背景にあるのはいうまでもない。

「オムロンの本体は科学技術。でも、それだけではアンバランスではないか。もう一つ片側に、ヒューマンなものがあってこそ、最適化社会といえる。オーナーにそういわれ、その人間系をお前がやれ、と」

ＨＲＩは、基礎研究三年、応用研究三年を経て七年目に入る一九九七年四月、具体的な事業活動（環境、農業、住宅、地域開発、教育、福祉、健康、生活文化）を行うヒューマンルネッサンスコーポレーション（ＨＲＣ）を発足させたのだ。

感動したことは？　という問いに、成田さんは次のように答えている。

「農業の教えを乞いに行ったときのこと。ネクタイ姿で名刺を渡す当方を、農家の方はちゃんとみてくれません。でも、裸になってぶつかるうちに、こちらを見る目が変わってこられた。ああ、許してくれたんだと思ったら、熱いものがこみ上げてきて……。名刺の肩書きではない人と人との心のつながりが大切なことを教わりました。これまで生きてきたことに、恩返しをしたい。やりがいがありますね」

成田さんは一九四二年二月四日、三人きょうだい（弟と妹がいる）の長男として、東京・目黒の柿の木坂で生まれた。

父親は、新聞社の文芸記者であると同時に小説家であり、劇作家でもあった。

「反骨、バンカラの大酒飲み。そんな父は家にはおらず、たまに帰宅すると、作家や記者やさまざまな人を連れてきて、サロン化してしまう。母は嘆き、息子の私に〝あなたは、まともなサラリーマンになりなさい〟と。でも、母を通じて父を否定しつつ、好奇心旺盛なところは、父の影響を受けたかもしれません」

父親の蔵書からロシア文学に興味を持ち、小学五、六年ころにトルストイを読破したという。随分、マセていたらしい。大学時代は、講義よりも市民塾に通った。

一九六四年三月、東京経済大学経済学部経済学科を卒業。本田技研工業に就職した。

「得手に帆をあげて」の本田宗一郎が好きで選んだ会社だが、文系のため本社勤務となり、やがて新設のホンダランドへ。多摩テックを作り上げた後、一九七〇年二月に立石電機に転職している。

入社してすぐに、大阪万博の出展作業を命じられ、和田誠（漫画家）、立木義浩（写真家）、谷川俊太郎（詩人）らによる、マルチスクリーンの『キャッシュレスソサエティ』を実現させた。

「広報宣伝は、一真さん自ら担当されていた。宣伝のコピーなど一字一句妥協しません。締め切りが過ぎようが、午前一時、二時になろうが平気。鍛えられましたね。

　創業者は、第一線を退かれたあとも、よく自宅に呼んでくださり、経営の思い出だけでなく、子どものころや家庭のこと、さらに芸術の分野まで、幅広く話をされた。私の大いなる財産です」

　京都の御室にある本社は、妙心寺のそばにあった。暇があると、垣根を越えて境内へ。禅僧たちと仲良くなった。そして禅の世界に魅せられていく。

　禅僧は五穀断ちをして千日修行の旅に出る。持参する食糧は蕎麦の実だ。

　修行僧は、エネルギー源として蕎麦の実をつぶし、いうなれば蕎麦打ちをして食した。「善光寺そば」「深大寺そば」などの寺前そばはその名残である。

　蕎麦打ちに没入した成田さんの名人芸はやがてメディアに知られ、ＮＨＫ教育テレビの「趣味悠々」に出演。ビデオソフトになった。

「出る杭は打たれる、と言いますね。中途半端な目立ち方をするから、やっかみやら叩かれたりするんです。いっそ、杭を柱にすれば、むしろ評価されるようになりますね」

　茶坊主ということばもあるように、寺と茶も関係が深い。成田さんは、日本に茶をもたらした中国各地を五年も旅をして、中国茶の真髄に迫る。さらに墨絵、尺八などもプロ級の腕前になってしまう。

　夏休みは、『共和国こんがりここなつ島』の一員として、子どもたちの無人島（沖縄本島北部の屋那覇島）生活を手伝った。手話も身につけた。

　成田さんは、私たちが旗印とする「人間大好き、好奇心」を貫いてきた。人との出会いを大切に、仕事も趣味も楽しむ。公私混交もいとわない。文字通り「得手に帆をあげて」得意ワザを太い柱に育てたのだ。

久しぶりに会った成田さんは、やはり広報マンの先達としての血が騒ぐのか、多発する不祥事について、広報の勉強不足を指摘された。

「第一声をどう伝えるか。それがとても大事なのに、コメントを差し控える、まだわからない、と。要するに問題から逃げている。きちんと対応できていません。

生活者は、企業の姿勢を見ています。利益本位か。それとも生活者の立場になってくれているか。しかし第一声の拙さから、好感を持ってもらえるかどうか、その最初のチャンスを失っています。広報リーダーは、社長のすべてを知ってほしい。問題発生！　さあ、社長はどう対応するか。社長をとことん知っている広報マンならわかるはずです。

私は現役のころ、社長とは車も新幹線も一緒。いや酒場やクラブもお供して、好みの酒やカラオケの持ち歌、さらにどんなタイプの女性が？　ということまで熟知してました。

これから、もっともっと広報が大事になってきます。広報部長さん、もっと社長について知ってほしい。あなたにできますか」

四、おもしろ人間玉手箱

おもしろく、楽しく、豊かに生きている人の話を聴く会がある。二〇〇七年七月から隔月に駿河台の明治大学リバティタワーの大教室（定員二六六人）で開かれている、その名も『紫紺倶楽部』。講演会というより、トークイベント、人生寄席といった和やかな集まりだ。

第一回　福田繁雄さん（グラフィックデザイナー）
第二回　野沢那智さん（声優、演出家）
第三回　犬塚弘さん（俳優、元クレージーキャッツのメンバー）
第四回　堀越孝行さん（元映画少年、現在は大手映画配給会社の宣伝マン）

それは延べ一〇〇回を超えたのだが、一口に言って、しゃべる人と聴く人をつなぐオリオンプロモーション代表（本人は「支配人のようなもの」と称する）の存在が大きい。

その人、作家でもある星名登さんはこう言う。

「あるとき、ある人に講演をお願いした。快諾され、日程も決まった。ところが、しばらくして〝検査入院することになった。場合によっては講演できないかもしれない〟といわれ白紙に戻ったんです。思いましたね。会えるときに会い、聞きたい話を聞いておかなければ、と。それが『紫紺倶楽部』です」

星名さんならではの熱い一期一会がある。

彼の興味は、勢いがあった一九六〇年代〜七〇年代に向けられる。テレビに登場した洋画の吹き替えはどのようにして生まれたか（野沢さん）。クレージーキャッツ結成の舞台裏は？（犬塚さん）などなど。

凄いのは、講師に何度も会って、それこそその人物の「一代記」といってもいいくらいのメモをとってトークイベントに臨んでいることだ。

「お客さまに受けるかどうか、ではなくて、自分が興味を持ったテーマや人物を選ぶことからはじめています。面識のある方ない方、それは関係なく、ひたすらアプローチして駄目ならしょうがない、ということ。こまごました条件や制約を考えるよりは、まず行動を起こす、という主義です」

ひるがえってわが塾の講師の選び方から例会進行に至るプロセスはどうか。星名さんを見習いたい。

嶋丈太郎はペンネーム。敬愛する作家、司馬遼太郎をもじったのはいうまでもない。デビュー作も、司馬さんの作品をパロディにした『裏街道をゆく』（文芸社）。会社勤めをしながら書き上げ、二〇〇二年に自費出版したが、評判を呼んで第三刷まで版を重ねた。

余談ながら、『カリスマ』『東京電力ＯＬ殺人事件』などの問題作品を著したドキュメント作家佐野眞一さんは近著『この国の品質』で、敬愛する民俗学者宮本常一氏の基本姿勢「あるく　みる　きく　かく」に学んだと述べているが、嶋さんもまさしく、歩いて見聞して書いている。

それにしても私は、星名さん、つまり嶋さんにまんまと騙された。

司馬さんの『街道をゆく』が表なら、こちらは裏をいこう、という構想。ルポする嶋さんにカメラマン、画伯、編集者が同行するのは、数で天下の司馬さんに対抗しようという魂胆か。上野・アメ横界隈、おけら街道、銀座・ブランド街道……。「週刊朝日」連載中という。いい企画だなあ、と同誌を購入したが、掲載されていない。ようやく気づいた。朝日ではなく朝目。視力が衰えた当方は、目と日を読み違えたのである。

だが、この裏街道のルポは、掛け値なしに読ませる。

本名は星名登。一九四六年一一月一四日に東京葛飾で商家の子として生まれた。一人っ子という。

明治大学経営学部を卒業。一年半ほど保険会社に務めたが、「ソニービルの企画・営業」という職種を募集するソニー企業の新聞広告を見て応募。「二〇〇人中三人」に選ばれた。

どんな会社か。星名青年が入社したころ。私自身、夕刊フジに書いた「イメージを売るソニー企業」という記事のさわりをお目にかけよう。

「今日でちょうど三年目。〝話題と流行をつくる〟をかかげたソニービルは銀座の新名所になった。定評のある玄関のディスプレーの基本姿勢は〝四季の訪れ〟を告げること。春がくれば菜の花畑、夏には水族館、暮れはお相撲さんの餅つき、という具合。ローマのトレビの泉をまね〝愛の泉〟と称してチャリティーをやったら一日に二二五万円の浄財が集まった。

トヨタ、東レ、富士写真フイルムなどショールームがあるソニービルは、さしずめ縦のプロナード（散歩道）。全館を歩くと数寄屋橋――三原橋ぐらいの距離になる」

星名さんにとっては、それこそ水を得た魚のような職場だった。懐かしの駄菓子屋を出現させたり、巨人の歴代選手からベストナインを選んで架空の巨人・阪神戦を徳光和夫氏に実況してもらい、CD化したこともある。

ソニー企業では、ビルの営業、イベントのほか、トラベル部門やレストラン（マキシム・ド・パリ）の企画、販促、広報の責任者を務めた。そして定年までまだ間がある五七歳の二〇〇四年、大阪勤務（大阪ソニータワーの企画・広報）を最後に会社を辞めた。

ソニー創業者の井深大、盛田昭夫両氏はすでに亡く、新しいことに挑戦するSONYらしさが薄れていく。なんだかんだと言われて企画の予算は削られる一方だ。

仕事を好きになる。好きになろうと努力すれば、好きな仕事をやれるようになる。それが彼の仕事観だったが、五〇代後半になって「好きなことをやる」といえば、独立の道しかなかった。

「充電期間というか修業というか、一、二年は遊んでいようと思ったんですが、丸一年もたたないうちに文化放送からラジオの原稿を書かないか、と」

サラリーマンから放送作家へ。文化放送のワイド番組「東京歴史探訪」のコーナーなどを担当した。『裏街道をゆく』の次に書いた時代小説『邀撃　異説元禄赤穂事件』がなんとも面白い（二冊とも楽天から購入。手続きを取ってくれた小泉和美さんありがとう）。

通説はもちろん、吉良上野介とその家臣が悪で殿様の敵討ちをする赤穂浪士が善。だが、嶋さんは双方を忠臣とする。浪士側は懸命な探索によって上野介が「屋敷にいる」ことを確かめて討ち入るが、吉良側は「その夜」に討ち入るように誘導し、応戦体制を固めて待ち受けていたのだ。考えてみれば、いずれ赤穂浪士が襲ってくるのはわかっているわけであり、嶋さんが描いた構図は妙に説得力がある。

彼のウイット、パロディ精神を育んだのは、中学生のころ聴いたラジオの寄席番組。柳家三亀松が好きだった。そして決定的なのは落語であり、六代目三遊亭圓生の影響を大きく受けているそうだ。

人生の面では、高校生までならケネディ大統領。大学時代は本田宗一郎。社会人になってからは盛田昭夫、ジョン・レノン。そして総ての人。

――やじうま広報塾の旗印は「人間大好き・好奇心」です。失礼ながら、嶋さんがそうですね。広報とは何か。わが塾のメンバーにメッセージを。

「ずばり、広報は人なり。マン・ツー・マンの仕事ですね」

嶋さんをよく知る、わが知友、カゴメの山本善太さんに締めくくってもらおう。

「人間はもちろんのこと、関心を持った物事全て、その背景に想いを馳せる人ですね。そして団塊の世代には珍しい本物の奥ゆかしさを備えた人です。『想い』と『奥ゆかしさ』は表裏一体ですが、これが嶋さんを不思議なプロモーターたらしめている所以かな、と。先輩に対して誠に僭越ながら、嶋さんには『おもしろ人間玉手箱』という称号を贈りたいと思います」

五、人を育てる系譜

小玉武さんの名著「『洋酒天国』とその時代」(筑摩書房刊)に二日間没入、一気に読み上げた。「植草甚一世代の登場」「薩摩次郎八のパリ・浅草伝説」「埴谷雄高の酔虎伝」「山本周五郎と間門園」といった章立てでもわかるように、戦後文壇の裏面史としても読ませる。

執筆の意図について、筆者は「あとがき」でこういう。

「戦後のサントリーは、佐治敬三で始まった。八〇歳で他界するまでおよそ半世紀、独自の文化経営路線を展開する異色の経営者であり続けた。

では、佐治はなぜ、日本ではあまり例をみない企業文化を醸成し、生活文化企業という風土を根付かせることができたのか。

人材の確保である。たとえば、サントリーの企業文化に大きく寄与した開高健が入社したいきさつも、佐治敬三の直感と閃きによる作・演出だった。宣伝部長の山崎隆夫や柳原良平の場合も同様で、やがて山口瞳が中途入社するなど、企業の活力を牽引する部分を、人材の面から着々と固めていったのだ。

私は、その過程を長い間携わった広報部門の立場から見てきた」

四六版三八八頁の大著。小玉さんは、サントリーの企業文化の粋ともいえる伝説的なPR誌『洋酒天国』(昭和三一年四月創刊~三九年一二月休刊)と文字通り格闘することによって、高度経済成長に突入する直前の昭和を活写する一方、「企業は人なり」の神髄に迫った、といえるだろう。関西にかかわりのある著作に贈られる二〇〇七年度の「織田作之助賞」を受賞したのもうなずける。

実は私自身、一〇数年前に『広報誌から企業が見える』と題した一文を書いていて、そのなかに小玉さんにかなりバイブレートした記述がある。

「企業文化と広報誌」というテーマを追うと、結局は企業理念に関わってくる。その企業文化は市民社会に誇れるかどうか。創業者のロマンをきっちり継承している企業は、広報誌の担当者にも人を得ているのだ。

『洋酒天国』における開高健（芥川賞作家、故人）、山口瞳（直木賞作家、故人）両氏らの遊び心は、『サントリークォータリー』（昭和五四年創刊）の初代編集長、小玉武さんに引き継がれた。

人を育てる。それは、どういうことか。実例を示そう。

『洋酒天国』編集長の山口さんは、昭和三七年四月入社の新入社員小玉さんに「山本周五郎の原稿を取ってきてくれ。いや、書いてもらえなくたっていいんだよ。だけど、半年でも一年でも、山本さんのところへ通ってみてくれ」と命令する。正直にいって期待度はゼロだった。

山口さんは、『新潮日本文学アルバム　山本周五郎』に収載されたエッセイの中でこう書いている。〈新入社員をこんなふうに利用するのは、上司としては、かなり卑劣な手段だということになる。私は、そのことも充分に承知していた。

しかし私は、それが、小玉武の将来を考えると、無駄なことにはならないと信じていた。空振りであってもいい。いや、必ず空振りになるだろう。そうであっても、山本周五郎に接し得たということだけでも小玉武にとってプラスになるだろうと思っていた。たとえば、いきなり、初回に怒鳴られて追い返されるということになってもいい。世の中には、原稿を書くということを、それだけ真剣に考えている人がいるということを知るだけでもいい。

私の尊敬する編集者が山本周五郎を担当していた。彼はたびたび、

「山本さんのところへ行くと心が洗われるような気がする」

と語ってくれた。心を洗ってもらってきなさい。そんな心持で私は小玉武を送り出したのである。ところが、どういうことか、これもいまだにわけがわからないのであるが、約半年後に山本周五郎は原稿を書いてくれたのである。小玉武の大ヒットだった。いや、場外ホームランだった。これが出版社の仕事であったなら、小玉武は社長賞でもって表彰されるところだろう。私は、むしろ、そのことを小玉武のために悲しんだ〉

『洋酒天国』とその時代」は、トリスバーに通ったわが青春期と重なる。開高さんが作った次の広告コピーは、歴史的な傑作といえるだろう。

〈「人間」らしく　やりたいナ　トリスを飲んで　「人間」らしくやりたいナ　「人間」なんだからナ〉

　小玉さんに会いたい。人材の育て方について彼の話を聞きたい。電話をして、アポをとった日の夜、長女の夫がやってきた。一本ぶらさげている。ネパール人の彼は、私を試そうとするのか「これネパールのウイスキー。とっても強い」とアルコール度六〇度の洋酒を持参したこともあるが、その日はなんと、トリスウイスキーを手にしているではないか。

　ムコ殿は、トリスに対する私の思いなど知る由もない。あまりの偶然に驚きながら、私はたずねた。

「なぜ、トリスなの？」

「ビッグカメラにお酒の売り場もあり、その店員に勧められたんです。あまり手に入らないウイスキー。しかもきょうはお買い得だ、と」

「トリスを飲んでハワイに行こう。そんなＣＭが話題になったこともある。きみはまだ生まれていない、

半世紀も前のことさ」

みなさんは、どんなイメージだろうか。

カゴメの山本善太さんと中野駅前繁華街の居酒屋で飲んだときのこと。善太さんがいう。

「トリスのハイボールを飲ませるバーが近くにありますよ」

好奇心旺盛な私は、すぐに応じた。

その店の名前は『ブリック』。喫茶店のような、気軽に入れる雰囲気がよろしい。トリスを口にしたのは、ほとんど半世紀ぶりだろう。善太さんはこう言われた。

「トリスのイメージですか。やはり、往年の広告キャンペーンと、柳原良平のアンクルトリスですかね。セピア色にくすんだ写真を覗くような、紫煙の漂う古色蒼然としたバー、昭和のよき時代といったイメージ。二〇年くらい前、レトロ流行りということもあって、家で飲むウイスキーが専らトリスだった覚えがあります」

余談ながら、私が創刊から一八年間在籍した『夕刊フジ』に錚々たる作家と画家、イラストレーターが競う「一〇〇回エッセイ」という評判の連載があったが、山口瞳さんと山藤章二さんコンビによる『飲酒者の自己弁護』が圧倒的な評判を呼び、夕刊フジの紙価を高めてくださった。タイトルの「飲酒者」には「さけのみ」というルビが振ってあったけれど、山口さんが言う酒飲みの自己弁護は、とっても人間くさくて読者の心をつかんだのである。

小玉さんは一九三八年、東京の生まれ。父君の転勤で幼少年期を神戸で過ごし横浜へ。横浜緑ヶ丘高校を経て早稲田大学教育学部卒業。学生新聞で活躍し、新聞記者を志望したが成らず。寿屋（現在のサントリー）に入社。宣伝部で広告制作を担当した。

「昭和三七、八年ごろ、宣伝マンとして駆け出しなのに『週刊朝日』の見開き頁の匿名コラムをかなり長い間連載した。コピーライターとして勉強になるから、という山口のお墨付きがあった」(『洋酒天国』とその時代」一九〇頁)

部下の育て方がハンパじゃない。心底そう思う。

昭和が三〇年代から四〇年代に移行する頃、サントリー宣伝部は大きく変貌していく。クリエーティブ部門は三九年に新会社の「サン・アド」に集約され、広報部門はそれより一年前の三八年に独立するのだ。

小玉さんは、広報課長、常任理事広報部長、文化事業部長などを歴任。一時期、TBSブリタニカ(現・阪急コミュニケーションズ)取締役出版局長として出向したこともある。

読書家の山本善太さんに薦められた一冊に『アイデアのつくり方』(ジェームス・W・ヤング著、今井茂雄訳、竹内均解説、阪急コミュニケーションズ刊)があった。「六〇分で読めるけれど一生あなたを離さない本」という帯の文句にうそはない。

実は、同書の訳者は小玉さんが新人の頃の宣伝課長だった。英文毎日出身で英語が得意な上司は「勉強のために」と、いうなれば私家版の訳書を部下に与えた。それから幾星霜。出版社の幹部になっていた小玉さんは、見事に甦らせたのだ。

小玉さんは、わが「やじうま広報塾」の仲間に向けて、こんなメッセージをくれた。

「目標管理だの成果主義だの、そんなお題目で人は育つでしょうか。仕事が好きな人間、仕事を面白いと思う社員、そして使命感を持つ部下を育ててほしいですね」

小玉さんはサントリー退職後、大学の講師を務め、現在の主な仕事は「早稲田大学参与、石橋湛山記

念　早稲田ジャーナリズム大賞事務局長」。また、俳壇を代表する一人、文化功労者の森澄雄氏が主宰する句誌『杉』に、『私の芸林聞歩　短編の名手・永井龍男と俳句』を連載中だ。

手元に小玉さんが書いた『早稲田学報』（二〇〇六年二月号）のコピーがある。

『「雀、百まで」――変身せざるの記』

いいねえ。私も見習いたい。

六、旅と酒と広報と

わが愛する「やじうま広報塾」の「人間大好き・好奇心」の旗印は、へんぽんと翻っている。でも、この人の前で口にするのは、ちょっと恥ずかしいな、と思う。谷浩志さん。掛け値なしに好奇心の塊であり、いまの仕事は？　という問いにすかさず「旅・酒・広報」と答える。

創塾の同志だった。塾はスタートしてまもなく、危機管理、インターネット広報などいくつかの分科会を設けて研鑽に励んだが、谷さんにはずばり、人間学分科会のリーダーをお願いした。ブラックジャーナリズムとの対応について、彼の話を聞いたことがある。

一九五三年一二月二一日、神戸市で生まれた。妹が一人いる。血液型はA型。サントリーの二年後輩だった妻、菜穂子さんとの間に一男二女。生誕の地は、須磨浦の名で知られる瀬戸内海の浜辺まで歩いて五分。しかも、住まいの裏は六甲山系の西端。神戸という都会に身を置きながら、海と山に恵まれた。

「趣味はカヌー、ダイビングなどアウトドアスポーツ全般と読書、音楽」

だが、その内容をくわしく訊ねると、はんぱじゃない。一九八八年、青森県と北海道の間、津軽海峡をカヌーで横断（潮流に翻弄されながら約四〇キロ）に成功したほか、その二年後には作家夢枕獏氏らとモンゴルの川をカヌーで下ったという。さらに「椎名誠とあやしい探検隊」の幹事として、絶海の孤島での生活体験など、楽しいこと面白いことのエピソードは数え切れない。

去る日、初めてカラオケをともにした。秋川雅史のような美声で、話題の『千の風になって』を、まさに絶唱。その後、本稿執筆のためにいろいろ調べると「中学生のころ音楽、ギターに凝って、いまのカラオケのレパートリーの大半を身につけた」そうだ。

天は、二物も三物も与え給う。そんな感じさえする谷さんの人間形成は、どのように育まれたのか。「幼児期のぼくは地図を見るのが好きでした。たしか小学二年生のころ、父はリーダーズダイジェスト社の特大の地図帳（世界・日本）を買ってくれた。そのときの感動はいまも忘れません。そして、父が読んでいた中央公論の『日本の歴史』『世界の歴史』に興味を持つようになりました」「けれども父は、決して勉強を強制することはなく、夏の休日はよく海に連れて行ってくれた。小豆島でのキャンプやさまざまな野外活動にも積極的に参加。小学四年のときに一キロは泳げる河童でした。アウトドアスポーツに関心を持つようになるのは、心身を鍛えてくれた父と、私立須磨浦小学校の校風のおかげです」「尊敬する人はまず、父ですね」

私立白陵高校を経て大阪大学人間科学部を卒業した。同学部の第一期生だ。地図を見るのが大好きだった少年が、その地図から地理、歴史、文化、人間考察へと知的好奇心を広げ、人間科学という学問に到達する。鮮やかというほかかない。

一九七六年四月、サントリー株式会社に入社。広報部に配属となった。広報コミュニケーションがようやく注目されはじめ、サントリーとしても広報部生え抜きの優秀な人材を育てようという問題意識があり、谷さんは広報強化をめざす人事戦略の第一号だった。

広報マンとして二年目ごろ、日本を代表する写真家の一人、浜谷浩氏（一九一五年～九九年）と出会う。当時、浜谷氏は雑誌に「昭和女人衆」を連載していて、サントリーの山梨ぶどう園で働く女性を被写体に選んだのだ。

谷さんは浜谷氏に同行する。

「君の名前は、ぼくに似ているね」（浜谷浩と谷浩志）

そんな冗談を口にしながら先生は、誠実に、しかも物怖じせずに対応する谷さんを気に入ったらしく「今晩、俺に付き合え」と言う。だが、上司に電話をすると「だめだ。君は帰ってきなさい」

さあ、どうするか。

谷さんは、上司の指示を無視して一泊。生涯の師を得るのである。

多様な広報業務の傍ら対外広報誌『サントリークォータリー』の編集にかかわり、すでにサントリーは辞めていたけれど、作家の開高健、山口瞳両氏に可愛がられた。

「元中央公論の編集長だった粕谷一希さんに、ＰＲ誌だろうが立派な媒体だ。総理大臣でも女優でも君が好きな人に会えるチャンスがあるぞ、と言われた。おかげで開高先生と吉行淳之介先生の対談『美酒について』や、集英社の島地勝彦さんとの『酒場でジョーク十番勝負』などの企画が生まれ、文庫本になって残っています」

椎名誠、村上春樹両氏とは、まだ無名のころから交遊がはじまる。

一九八六年三月、ニュートレンド部（宣伝と広報の別働隊）へ。サントリー九〇周年に伴うＣＩ、社章変更プロジェクトなどをはじめ、イメージ再構築のキャンペーンを行う。子会社ＴＢＳブリタニカ発行の雑誌『バッカス』発行人も兼務。九〇年七月、ビール事業部企画課長としてビアヌーボーなどの新製品や発泡酒『ホップス』の開発を担当した。九二年四月、広報部課長。編集長を兼ねた『サントリークォータリー』は、日本ＰＲ誌コンクールで三度グランプリを手にしたが、評判を呼んだ「山口瞳追悼号」をいわば置き土産に、九六年一二月、サントリーを辞めた。

ほとんどの友人が「なんでや」と驚いた。

デジタルCS衛星放送のビジネスモデルを構築する株式会社ジャパンイメージコミュニケーションズ（JIC）の副社長に就任。先駆者ならではの苦闘を乗り越え、CS放送局では数少ない安定した黒字経営の体質を実現させた。『旅チャンネル』は、視聴可能世帯四〇〇万世帯と、日本最大の旅専門チャンネルに成長している。

ところが、二〇〇六年六月、取締役の任期満了とともに、静かに身を引いたのだ。

谷さんには、サントリー二〇年、JIC一〇年。これからの人生は、自分の意志をもっと出せる仕事がしたい」

「サントリーの企業風土である「やってみなはれ」の精神が、いまも脈打っているのだろう。

新しい名刺を三枚もらった。

株式会社ドリームボート顧問。グリッドマーク株式会社シニアアドバイザー。株式会社ビットウィザード取締役。

二〇代後半から三〇代の若い経営者によるデジタル関連のベンチャービジネスであり「経営支援や広報コミュニケーションのサポートをする」という。

日本旅行作家協会の会員にもなった。

ところで、開高健さんは、差し出された色紙にそれが女性の場合、次のように書くことが多かった。

「朝のように、花のように、水のように」

谷さんは、この開高語録を引用して、「やじうま広報塾」にメッセージをくれた。

「広報はやはり『朝』のように、爽やかで、明るく、『花』のように美しく魅力ある言葉や態度で語り、『水』のように、透明で清らか（誠実）であることが大切だと思います。社内外の接点として大変な仕事でしょうが、「社外」の眼で会社を変え、自信を持って広報してください」

七、メイテック社内報の快挙

盟友清水園江さんから、お年玉ならぬ「気」を頂戴した。気力、元気の「気」である。

清水さんはリクルートから同社の制作部門RMCを経て、二〇〇八年秋、メイテック広報部長に、いうなればヘッドハンティングされていたが、同社の広報部門を建て直すとともに社内報の革新を行い、なんと二〇一〇年度の全国社内誌企画コンペティション（主催・ナナ総合コミュニケーション研究所）でゴールド企画賞（一〇三企画中第一位）を手にしたのだ。

清水さん、おめでとう。「メイテック社内報の快挙」と書いたら、「そんなきれいごとじゃないわよ」と叱られそうだが、環境が違うところに移って社内コミュニケーションを活性化された努力には頭が下がる。

私事ながら、変形股関節症を発症。クリスマスも正月もなかった。だが、本稿の執筆を発想したことによって「ようし、自分も頑張るぞ」と、冒頭の書き出しになった。

話の順序として、メイテックという会社の説明が必要だろう。

一九七四年七月一七日、わが国初の設計・開発業務のエンジニア派遣サービス会社『名古屋技術センター』として創立。八五年に現在の社名『メルテック』に改称。八七年に株式上場した。二〇一〇年三月期の数字によれば、資本金一六八億二五〇〇万円、グループ連結の売上高五三七億七六〇〇万円。西本甲介社長は三代目という。

この会社から派遣されるエンジニアは、実にグループ全体で約七五〇〇人、単体で約六〇〇〇人。いずれもメイテック採用の正社員であり、身分は保障されている。

派遣サービスは、二〇〇八年秋のリーマンショック以後、社会問題化した「派遣斬り」という暗いイメージがつきまとうが、メイテック自体にリストラはなかった。しかし、エンジニア稼働率は、一気に減少。二〇〇九年度の業績は危機的状況に陥った。経営状況が悪い時の社内報づくりは、もともと難しい。まして、この会社の社員の大半は、契約先で働いているのだ。

社内報は七九年、創立五周年を記念して、名古屋の会社らしい『昇竜』の名前で発刊されたが、いまは『ＳＹＯＲＹＵ』。清水さんに改革が託された。
①危機の状況について、どのようにタイムリーで正確な情報を発信できるか。
②派遣エンジニア、研修中の社員、営業といった立場の違いを超えて支えあうにはどうすべきか。
③コストを抑えつつ、最大限の効果をあげなければならない。
私は、二〇〇六年一一月に上梓した『修羅場をくぐった広報マン』の第一部で清水さんの魅力を書いているが、今回の望まれての転職——危機突破の改革は、文字通り人生の大勝負であった。

新しい社内報のコンテンツは、危機についての「今」と事業の「本質」、そして、いろいろな立場の社員の声を伝えること。

企画は、すべて自社で行う。その上で用紙、色数、ページ数、制作スケジュールが見直された。

思考錯誤しながら、新たな課題が見えてきた。〔時間〕もっとタイムリーに情報を伝えられないか。〔コスト〕もっと安く、かつ質の高い情報発信は出来ないか。〔メディアの価値〕何のためのメディアか、それは明確か。その効果は計れるか。

結論として、シンボルメディアである社内報『ＳＹＯＲＹＵ』は残す。ただし、更なるコスト削減を図るため、発行サイクルを月刊から季刊にする。一方、WEBメディアを開設。即時性の高いニュース情報を目次で提供する。アナログとデジタルのメディア価値（特徴）をはっきりさせる。

二〇一〇年四月にWEBメディア『SYORYU　online』、ついで七月に紙メディア『季刊SYORYU』がスタートした。それぞれの活用区分は、前者が迅速性（リアルタイムに重要情報を提供）、双方向（コミュニティやアンケートなどを収集し、反映）、動的更新（更新頻度が高いメディアの提供）、情報網羅性／検索性（欲しい情報がストックされ簡単に検索可能）、閲覧状況の把握（アクセス状況管理）。

後者は、普遍性（時節にとらわれず、当社の本質を伝えていく）、浸透性（確実に届けたい情報のリマインド効果）、登場ロイヤリティ（掲載されることのロイヤリティを感じるメディア）、客観的視点（当社やエンジニアの価値を社外＝有識者などから客観的な評価をしてもらい、社会的存在意義を伝えていく）。

イントラWEBメディア『SYORYU　online』見せてもらう。

画面左側には、社長ブログや役員メッセージ、社員に知ってもらいたい情報など、会社から提供するニューストピックスコーナー。

画面中央は、社員からの投稿情報、全国の各拠点の活動、イベントなどを共有するコーナー。画面右側には、営業目標達成度・派遣稼動状況などの最新の業績コーナーやアンケート、掲示板などのコミュニティコーナー。そしてグローバルナビゲーションには、業界情報・各グループ会社。各部署のストックコーナーや社員紹介コーナーなどがある。

WEBメディアは月平均八〇％強がアクセスしているそうだ。社員の反応も「社長ブログは毎日閲覧する。それが日課になった」「情報がタイムリーだ」「写真や映像などのビジュアルコンテンツにはつい目がいく」など好評。

月刊から季刊に変わった紙メディアの『SYORYU』は、従来のA4（二五頁）を二つに折ったかたちのA5（五〇頁）。

編集方針は「本質を考える」「価値の言語化をはかる」「人が語る」を骨格にしながら、社内だけでなく、社外の視点も取り入れた。

読者ターゲットはずばり、『プロフェッショナルを目指す人』。そして『プロな〝ひと〟メディア』をキーコンセプトにしたという。社員の多くが「エンジニアの基本道具を映像した表紙がおしゃれだ」「冊子サイズがいい。電車の中でも読める」「社外の方の意見やエピソードが盛り込まれていて興味深い」などと、リニューアルを前向きに受け止めている。

社内報コンクールの審査員のひとりは、「人間大好きの姿勢がいい」と評価したそうだが、私もまったく同感だ。

メイテックの社内報には、思わずエールをおくりたくなるエンジニアが多数登場する。たとえば改革第一号の連載『プロエンジニア列伝』が読ませる。こんな内容だ。

「かゆいところに手が届くね、あんた」

新人時代、お客さま先で言われたうれしい一言が忘れられない。（中略）以来、「誰もやりたがらない仕事」「誰もしなかった仕事」をやり続けてきたという三島EC、ME系エンジニア隈部周吾さん。足跡をたどってみると、食材プラント→住設機器→大型鋳造品→自動車エンジン→ワイヤーハーネス……。一見、つながりが感じられない五つの職場は、一本の糸でつながっている。

「一口で言えば、ＣＡＤを利用した設計環境の改善。多くの職場で、単に製品設計をするだけではなく、設計をしながら、同時に新しいＣＡＤ機能を活用した設計手法を提案し、他の設計者へ展開→運用までサポートするという仕事をすることができました」

手前みそながら、かなり前、三度ほど社内報コンクールの審査員を務めたことがあり、私なりのモノサシをもって三〇〇冊近い社内報を読んだことがある。そのモノサシ、社内報一〇ヵ条を示そう。

一、人間を大事にしているか（人間大好き）。
二、時代感覚があるか。
三、二一世紀企業としての明確なビジョンはあるか。社長の言葉に「言霊《ことだま》」はあるか。
四、企業文化（企業風土）は誇れるか。
五、情報の公開と共有。
六、ホンネをくみ上げるアンケート調査などを行なっているか。
七、外部の意見を聞いているか。
八、見出しはポイントを衝いているか。
九、読みやすく作られていくか。
一〇、社内報の記事もニュースになる。そのことを意識しているか。

清水さんは執行役員に選任された。久しぶりに語り合い、意気投合し、そして「塾の仲間にメッセージを」という当方の月並みな質問に、ちょっと考えてこう言った。

「Ａさん、とてもいい人。Ｂさんとも親しい。ならばＡさんとＢさんを繋げる。会話の幅はどんどん広がっていきますね。私は、この繋ぐ、繋げる、といったことが好きなんです」

八、ドイツバイエル、日本の顔

前項に続いてもうひとり、敬愛する女性の広報リーダーを紹介したい。

解熱・鎮痛剤アスピリンなどで知られるドイツの世界的な医薬品メーカー、バイエルの日本の顔、岡美保さん。現在のポストにふれると、東京が本拠のバイエル　ホールディング株式会社執行役員広報本部長と、主に大阪で活動するバイエル薬品株式会社執行役員広報本部長を兼務している。まさしく『日本バイエル広報代表』なのだ。

「コーポレート・コミュニケーションズの組織名を広報部に改めました。広報ということばはもう定着したし、むしろ広報と呼ぶほうがわかりやすい」

わが意を得たり、と書いたら、職名にコーポレート・コミュニケーションズを名乗る企業はなんと応えるか。

岡さんは商社マンの父と、薬剤師の資格を持つ母の二人兄妹の妹として、一九六三年三月二三日、東京で生まれた。血液型はA型。父親がドイツ駐在だったことから、三歳から九歳（幼稚園～小学校の四年一学期）までドイツで暮らした。帰国後は鎌倉市立第二小学校、同中学校、神奈川県立湘南高校を経て獨協大学外国語学部ドイツ語学科を卒業。ドイツ系企業のバイエルに入社した。まさに「ドイツ語とともに」の半生である。

薬剤師という志を持ちながら、専業主婦の道を選ばざるを得なかった母は、娘に対して「女も自立する。信念を持って仕事をしなさい」と言って聞かせた。それだけに、バイエルに就職することが決まったときの母は、当人以上に喜んだという。

「母は、私の最良の理解者。サポーターでもあるんです」

両親は、ともに健在。「父は定年後、趣味の写真撮影に没入。最近ではモンゴルの遊牧民を活写した作品の個展を開くなど、自らも遊牧民的生活の中で人生を謳歌している様子です。母は、バード・ウォッチングに夢中。父と同様に渡り鳥のように日本全国を飛び回っています」

それにしても娘は、なぜドイツなのか。岡さんは言う。

「幼女から少女にかけ、周囲に日本人はいなかった。ドイツ語は子どもながらに生きていく手段として、自然に身についてきたと思う。大学でドイツ語学科を選んだのは、語学としてよりも、少女時代の感性や情緒を形成した『ことば』として、強く惹かれるものがあったんですね」

その流れは就職に続く。ドイツ系企業で新卒を採用する企業は少なかったが、バイエルに挑戦、合格した。けれども、彼女の凄さは入社してからにある。ビジネスで要求される語学力の性質や水準の差に衝撃を受け、職務の傍ら語学学校に通い、「ビジネスに通用するドイツ語」に磨きをかけたのだ。

数年間通った語学学校では、日常がビジネスの実務に身を置いているため、何を学ぶべきかの「モチベーション」がはっきりしている。教室では同じような考えの生徒と仲良くなり、必然的に情報交換の場になった。

私は、経済広報センターの文章講座で出会っている。宇部興産の先田督裕さんと、農水産省の小原由美子さんが一緒だった。三人とも講師を泣かせる名文を書いていて、バイブレートした。

「お互いに、やじうま広報塾で切磋琢磨しないか」

岡さんは、入塾して間もない二〇〇一年六月、ドイツの本社へ。コーポレート・コミュニケーションズの国際広報チームに所属。アジア地域の広報展開をはじめ、国連環境計画との提携プロジェクトに携わった。

二〇〇四年一二月、日本に帰国。明けて一月、コーポレート・コミュニケーションズ部長に就任。そして執行役員へ。まさしく広報まっしぐらである。

――ドイツで学んだことは？

「ドイツ人は、日常生活でも議論するのが当たり前。当初は、同僚同士の議論のあまりの激しさに驚いたけれど、議論が終われば何事もなかったように業務を続けているのを見て二度びっくり。自分の意見やアイデアを表明したり議論に積極的に参加することの重要性を教えられました。

会社が『タレント』だとすると、広報は『マネジャー』の役割に似ていますね。タレントを内外にどう売り込み、関心や理解を獲得するか。そのためには、強い心と冷静な判断力が同時に必要とされ、その技術や心構えの多くをドイツで学びました」

ゆっくりゆっくり話される。だが、活字にすると勢いがある。

日本国内でのバイエル・ブランドの確立を目的とするブランディング戦略の立案。関係各所との協議や調整。さらにビジネス関連の広報や製品広報の業務も同時並行的に進めていく。オフィスからオフィスへ。エレベーターからエレベーターへ。会議室から会議室へ。一分一秒たりとも停滞がない。東京と大阪の広報リーダーを兼務しているため、週二回の東西往復は日常茶飯事だ。海外出張は年に三、四回という。

グローバル企業ならではの宿命だが、本社（現地）時間に合わせた電話会議やビデオ会議も多い。そして、ＩＴの進展により、二十四時間いつでも情報の把握が可能になった。神経は休まらない。

行動力には脱帽だ。そのエネルギー源はどこにあるのか。

もともと、からだを動かすのが好きな体育会系。部活は卓球だった。ランニングは苦手だが、ウォーキングでは毎日一万五〇〇〇歩を目標にしている。現在の趣味は、競技ダンスだ。ワルツやタンゴはもちろん、サンバやルンバも踊る。

お菓子に目がなくて、三度の食事よりも、まずはお菓子。チョコレートのほか、ドイツとゆかりのある『グミベア』が大好き。

近頃、アメリカのTVドラマにはまっている。たとえば、エミー賞を何度も受賞したアーロン・ソーキン脚本の人気ドラマ『ホワイトハウス』。劇中に登場する首席報道官や、そのスタッフの胃がきりきりするような激務と、ストレスを見るにつけ、少しばかり癒されたりもする。

岡さんは、私とのインタビューで「広報とはタレント・マネジャーのようなもの」と言われたが、その辺をもう少し詳しく記述しよう。

「広報は、タレント（会社）の資質や潜在能力、将来性を見抜き、それを内（社内）と外（メディア・業界・大衆）にタイムリーに、魅力的に伝える仕事です。自身が、タレントの最大のファンであることが必須でしょう」

ギリシャの財政破綻を発端とする「ユーロ危機」。ユーロ圏の雄、ドイツ、そしてバイエルの考えは？　経営参謀である広報は、どのように対応されているか。

「難問ですね」と言いながら、巧みに切り返された。

「広報担当者として、常に、複雑な問題にはシンプルな答えを求めるようにしています。今回のような状況にあって、特に、グローバルの動静を確認しつつ、日本での対応を考える。そのためにも、全方位的なアンテナによる情報収集力がなによりも大切だと思う」

広報の三原則――『嘘をつかない・逃げない・隠さない』は名言ですね。私の場合、特に二番目のフレーズにウエイトを置いています。どんな難しい場面でも、その場から逃げない、と」

九、行政の広報改革に先駆した官僚

二〇一一年八月一五日。終戦記念日の夜、農林水産省の佐藤尚志さんとサシで盃を合わせながら「広報」を語り合った。

佐藤さんは、農水省生活三〇年の大半を、広報〜報道の分野で過ごしてきた。社会部の遊軍記者やテレビカメラが殺到する事件（たとえば口蹄疫、鳥インフルエンザ問題など）では罵声を浴び、恐怖さえ感じた。

「新聞記事を書く。テレビ番組をつくる。それはメディアの人たちの仕事であり使命ですね。世の中の事実を伝え、問題提起をしていく立場を、私は理解します。

だからこそ、と私は思う。報道機関の意見は尊重するけれど、意見を正当化するために、事実を曲げるのは絶対にやめてほしい」

「ない」ことを「ある」と言ったり、「ない」ことを「ある」と書く記者がいるとすれば、かつて新聞社に籍を置いた身として、なんとも恥ずかしい。

私は、信念を曲げない佐藤さんの風貌姿勢に魅せられながら「ＡＢＳ秋田放送、第四六回ギャラクシー大賞受賞」の話に感じ入った。

ギャラクシー賞は放送批評懇談会が、その年度に放送されたテレビ、ラジオ、報道、ＣＭの四部門について顕彰するもので、放送界では最も権威がある。そのテレビ部門で秋田放送（日本テレビ系列）制作のドキュメント番組『夢は刈られて　大潟村・モデル農村の四〇年』が二〇一一年度の大賞を得たという。

佐藤さんは、同番組の制作に直接にはかかわっていないが、番組プロデューサーの上司に当たる報道部長の石黒修さんにお祝いの長いメールを送った。

農水省の人間、まして報道担当の身として、米づくり農政を厳しく批判している番組の大賞受賞を喜ぶわけにいかない。だが佐藤さんは、二〇年にわたって魂のぶつかり合いを石黒さんとしてきただけに、大賞受賞のビデオを見ながら胸が熱くなったのだ。

話しの順序として「夢は刈られても」の舞台、大潟村と、佐藤さんのプライバシーにふれたい。

大潟村は、一九六四年一〇月、国営八郎潟干拓事業の完成とともに誕生した新村。八郎潟は秋田市の北方約二〇キロメートルに位置し、琵琶湖に次ぐ日本第二の湖だったが、幕末、明治のころから干拓が考えられ五七年に国家事業として着工された。コメ増産、食糧自給率向上の旗手といわれたのはいうまでもない。

佐藤さんは、奇しくも同じ秋田県の秋田市で一九五五年七月に生まれた。警察庁の通信部門に所属していた父（八六）、母（八三）は秋田でご健在。秋田県立南校を経て、八一年三月、明治大学商学部を卒業。農水産省に入省した。

「高校入試で一年、大学入試では二年。合わせて三浪したため、希望する企業は就職試験が受けられず、やむなく門戸が開いていた農水省を受験。幸いにも合格して、いまがあります」

初任地は、偶然にも故郷の秋田。三年後に本省に異動、食糧庁配属となるが、秋田食糧事務所昭和支所勤務のころに大潟村に関わる、という因縁がある。

食糧庁では、当初、総務課広報第二係長として職員向け庁内報の編集制作を担当したが、昭和が平成にかわる八九年、広報第一係長のときに大潟村のヤミ米騒動が発生。テレビのワイドショーや週刊誌に取り上げられるなど大きな社会問題に発展した。

ヤミ米は是か非か。秋田勤務のころから大潟村のヤミ農家とコメの生産調整に協力する農家に接してきた佐藤さんとしては「真面目な農家の声は伝えず、違法行為をしている農家がいいことをしているような番組は許せない」と血気盛んな新米の広報担当は取材拒否をしてしまう。その挙句、大臣から「広報対応がなっとらん」と叱られる。自宅には脅しの電話がかかってきて家人が怖がった。

「まさに修羅場でしたね。広報なんてもういやだ、と思いました。そのころ、高杉良さんの『広報室沈黙す』を読み、取材拒否をしても書かれるときは書かれる。なんのトクにもならない、という教訓を得たんです」

記者も広報担当も同じ人間ではないか。心をこめて話せば通じ合う。二〇年ほど前のことだ。減反政策取材のため、秋田から若い記者がやってきた。もらった名刺には「秋田放送報道部記者　石黒修」とある。

いささか激してメディアを批判する広報マンに、冷静に反論する記者。このときのくわしい様子は、石黒さんからも取材したうえで記述するべきだが、ともかくお二人の出会いは、とてもさわやかだ。

話を佐藤さんの生きざまに戻したい。

一九九〇年四月、ＷＴＯ（世界貿易機関）ウルグアイ・ラウンド交渉担当に異動。その三年後、コメが大不作になり、コメの輸入担当係長として、アメリカ、タイ、オーストラリアからのコメ緊急輸入に従事した。

「九六年～九八年の二年間は、北海道食糧事務所の企画調整課長および広報担当課長でしたが、充実していて楽しかった。

道庁記者クラブで定期的に記者レクチャーを行い、農業関連情報を提供する。また地域で農業振興の活動をする人たちの応援もした。たとえば江別市で収穫される国産麦を使った『焼き菓子コンペ』は好評でしたね。そして多くの友人ができました」

九八年四月、再び本省へ。食糧庁企画課に異動となりコメの関税化チームに参加した。

そして九九年一〇月、大臣官房総務課広報室の課長補佐に昇任。本省の広報に大きく関わることになる。縁は異なもの、というけれど、私と佐藤さんは、小原久美子さんを通じて出会ったのだ。

佐藤さんが本省の広報室に異動になってまもなくのころ、経済広報センターにおける私の文章講座を受講した小原さんは言われた。

「上司の佐藤が、島谷さんの講座なら受けたほうがいいよ、と後押ししてくれたんです」

私は、そのときの講座の提出原稿で優れた文章力をみせた小原さんと先田督裕さん、岡美保さんをやじうま広報塾の同志に迎えた。佐藤さんは、先にふれた高杉さんの『広報室沈黙す』で私のことを知っていて、やはり入塾して一〇年を超える。

だが、佐藤さんの本省での広報活動は決して順風満帆だったとはいえない。本稿のはじめのほうで記述したが、二〇〇〇年三月に宮崎で口蹄疫問題が発生した時は、広報として初の事件対応であり、メディアから浴びせられる罵声にウロウロするばかり。危機管理広報の勉強をするきっかけになった。

二〇〇二年には、思い切って「農水省広報改革意見」を提出している。そのあらましは「これからの行政は、もっと積極的な情報提供が重要だ。そのためにも広報室の権限を強化する。記者会見場を広くしたい」といった内容だったが、それは次のようなかたちで実を結んだ。

審議官級の「報道官」設置。そして広報室を「報道室」に改め、報道分析担当が新設され、記者会見室は従来の二倍の広さに。テレビカメラの取材場所も確保した。

だが、ご当人は、意見提出後、政策PRのテレビ番組の制作担当になり、二〇〇三年七月には、大臣官房国際部に異動。WTOモントリオール非公式閣僚会合、メキシコとの経済連携協定交渉、WTOカンクン（メキシコ）閣僚会合などに参加した。

国際会議の広報は難しい。秘密主義になると、取材記者の不満は爆発してしまう。失敗を体験した佐藤さんはカンクン閣僚会合の際、「記者のために何ができるか。記者の要望に応えたい」と自らに言い聞かせた。

閣僚会議が終わった後のこと。佐藤さんを感動させた場面がある。彼は、現地特設の記者室で記者に囲まれ、拍手を浴びた。そして握手攻めにあったのだ。

連日の深夜帰宅。心身ともにタフでないと務まらない。二〇〇六年、消費・安全局に異動になってまもなく、原因不明の「過覚醒症状」を発症。不眠、幻覚、幻聴に悩まされ、心療内科に通院治療するが、一年後に総合食料局に移り、課長補佐から専門官にポストを下げて病気治療に専念した。

家庭は、秋田勤務のころに結ばれた二つ年下の才子さんとの間に二男一女。血液型は夫A型、妻B型と聞き、「なるほどなあ」と思う（ちなみに、わが家は夫O型、妻B型）。

「妻は明るくて、物事にくよくよしません。私が弱り果てても、何とかなるわよ、と前向きです」

病が癒えたのは奥さんのおかげ、と私が言うと、深くうなずいた。いま時点の好きな言葉は「明日は明日の風が吹く」。病気になって「くよくよしない」と思うようになったのは、奥さんのおかげであろう。

行政の無駄遣い、職権利用の天下り、などなど官僚批判は絶えない。私も同感だ。しかし政治家が自身の醜さを棚に上げて、行政改革を口にすることには、ときに腹を立てる。

何年か前、朝日新聞に掲載された「官僚よ、前に出よ。危機対応は、政策や規制に一番詳しい官僚を味方にするのが早道だ」という住友商事会長、岡素之さんのインタビュー特集に共鳴した。岡さんは言う。

「たしかに官僚にも反省すべき点は少なくない。だが、多くの官僚は強い使命感と高い志を持っている」「官僚の底力を発揮してほしい」

佐藤さんは毎月、わが「やじうま広報塾」の塾報に流麗な筆にのせた旅のスケッチを寄せてくれている。爽やかな気持ちにさせてくれる佐藤さん、ありがとう。

一〇、オフェンスタックルの真骨頂

ホイッスルが鳴る。第一ダウンの開始だ。ラインに対峙した相手ディフェンスを見つめながら、クォーターバックの声に耳をすまし、スタートのタイミングを待つ。アメリカンフットボール（アメフト）では、いちばん緊張する場面である。

センターのスナップバックと同時に、司令塔のクォーターバックから楕円形のボールがランニングバックに渡る。オフェンスラインの面々は「うまく走り抜けてくれよ」と祈りながら、相手のディフェンスにぶち当たる。押し続ける。

ボールを抱えて突進する選手はかっこいい。だが、オフェンスタックルはボールを持てない（ボールを持って走ったら反則）。己は、それこそ〝縁の下の力持ち〟に徹する。

アメフトは戦術、肉体、情報の総合戦。分業のスポーツともいわれる。

「フットボールは、あらゆるスポーツの要素を持ち合わせている。相撲やレスリングのような人間と人間がぶつかりあうブルータル（荒っぽい、勇猛果敢）な面は最大の魅力だろう。クォーターバックのステップを見ていると、ボクサーのフットワークのようだな、と思う人がいるだろう。サッカーのようにキックもあれば、ラグビーのオープン攻撃やフォワード戦もある。（中略）

テニスの駆け引きのようなヘッドワークもあれば、スキーのダウンヒルやスラロームに似たスピードとテクニックもランニング・バックが披露する」（新潮文庫『アメリカン・フットボール』武田建著）

アメフトにいささか紙数を割いたのは、ほかでもない。

本編の主人公、磯崎本一さんの強さと優しさ、そして信頼される確かさが、オフェンスタックルのそれに重なり、熱いものがこみあげてくるのだ。

磯崎さんは、一九五八年八月一二日、神奈川県小田原市で父・実さん、母・節子さんの長男として生まれた。

磯崎少年は、走るのが苦手だった。

親としては、息子に何らかのスポーツをやらせ、心身ともに鍛えたいと願う。野球、サッカー、水泳、剣道、空手と選択肢はいろいろある。磯崎さんの両親は、小学二年に進級した息子を地元の柔道教室に入れた。柔道と出会った意味は大きい。

彼は、柔道の先生に教わった『克己』（こっき）という言葉を忘れない。広辞苑によれば、克己とはおのれにかつこと。意志の力で自分の衝動・欲望・感情などの過度な発動をおさえること。克己の精神を身につけたからこそ、オフェンスタックルとしてチームに頼られ、さらに職場の和を育む貴重な存在になったのであろう。

ひょっとすると、料理屋の板前になっていたかもしれない。

「小学生のころ家庭科で習う料理に興味を持ったんです。高校生になり進路を決めるとき、調理師の学校に行くことを真剣に考えました」

だから、今でも「土曜日曜はパパに任せろ」と得意の包丁さばきを見せる。なぜ調理師をあきらめたのか。

父、実さんの影響が大きい。一九八三年に五六歳で病没されたが、文字通り苦学力行の人。「高校卒は大学卒に比べ給与が安い」と奮然、農業高校で事務の仕事をしながら日本大学を卒業。中学の数学教師、教頭、校長まで務めた。

そんな父の後姿をみながら、「やっぱり大学は出ておこう」と神奈川県立小田原高校を経て立教大学経済学部へ。「アメフト部の新しい歴史を作ろう」という部活の呼び込みで、なんとなく入部した。練習は志木のグラウンドで午後二時半から日が暮れるまで。汗にまみれた。

午前六時起床。小田原から学校のある池袋まで通う。練習を終えての帰宅は午後一〇時。四年間、その繰り返しだった。

一九八二年四月、三菱電機に入社。研修後、北陸商品営業所に配属となった。居心地は良かったが、わずか一年で本社電子商品事業部、東京中央三菱電機商品販売出向と営業畑を歩み、九二年一二月、本社広報部へ。以来、二〇年を超える広報マン生活を過ごすことになる。

一方、アメフトでは、入社三年後の一九八五年、三菱の仲間と『ソシオテックス』を創部。早くも翌八六年には丸の内周辺のパレスサイドリーグで優勝した（二位はリクルート）。

「アメフトというスポーツを選んでよかった」と心底思ったのは、日本社会人リーグに加盟して四年目の九〇年、二部Bブロックで優勝。しかも入れ替え戦で一部昇格の夢をかなえたときだ。

会社のお偉方は、横浜中華街で祝宴を設けてくれた。

だが、猛タックルで右膝の内側にある副靭帯を損傷。「どうやれば、こんなひどい怪我になるんだ」と医者があきれたこともある。そのころ、身長一七五センチ・体重八二キロ（現在は体重七〇キロ）。

三菱電機広報では、半導体部門を担当していたため、二〇〇五年四月、日立製作所と三菱電機が合弁で新設した「ルネサステクノロジ」に転籍。

「優秀な広報担当者は、会社とメディアの両方に気を配り、誠実に対応する」と教えられていたが、世紀の合弁プロジェクトを日経新聞にかぎつかれて慌てた。日立の半導体の広報担当は計画を知らされていないので「えっ、そんな話あるんですか」ですまされる。ところが磯崎さんは発表の段取りに参画しているため、とぼけ続けるのにあの手この手をつかわざるをえない。

「もう待てない」

予約していたホテルをキャンセル料まで払って解約。別会場での発表にこぎつけた。

磯崎さんは、日経記者四人に囲まれ、怒声を浴びた。

「正直にいって、怖かった」

ルネサステクノロジは、国内従業員二万人を数えるマンモス企業である。だが、メディアはしばらく、ルネサスの前に「日立と三菱合弁の」と枕ことばをつけていた。

広報・宣伝部広報グループの磯崎マネージャーは「社名を覚えてもらう」「会社の実態を内外に正しく伝える」、いわゆるコーポレートブランド戦略を展開してきたが、それは次第に実を結びつつある。

工業高校や工専、一般マニアがマイコンのプログラミング制御によるロボットマシンで競う「ジャパンマイコンカーラリー二〇〇八全国大会」は札幌で開催。話題を呼んだ。協賛はルネサステクノロジだった。

北京五輪に向け「女子ソフトボールのエース、上野由岐子はルネサステクノロジの社員」というＰＲも浸透した。

磯崎さんの新しい仕事は、反社会的勢力にどう対応するか。これまでに培ってきた人間力、コミュニケーシン能力を発揮するときだろう。

「やじうま広報塾」としては、ずっと塾長を支えてくれている。だが、だらしない塾長は、何度も彼を

「午前さま」にした。家族に申し訳ない。

彼は一年間のデートを重ねて一美さんの心をつかんだ。個人情報について綿密な描写はできないが、逢瀬は居酒屋が多かったらしい。

一美夫人は、パートナーを支え、ふたりの子どもを育てながら、二度目の学生生活にチャレンジ。六年かけて日本女子大の通信教育学部を卒業し、幼児教育の資格を得た。その志の高さ。素晴らしいな、と思う。夫は、それこそオフェンスタックルらしく、どっしり構えてゆるがない。健康で、さらなる活躍を祈るばかりだ。

磯崎さんは二〇一一年春、三菱電機の広報部に戻った。

一一、甦る日時計

一つの雑誌記事が、四〇年余の時空を超えて私を揺さぶり、新しい物語に発展した。

その記事は、月刊『コミュニケーション』の二〇〇八年一二月号に掲載された裏成表太郎と名乗るライターの隔月連載「広報れいめい記」第一回である。

「はじめに」に続いて、第一章パブリシティの黎明期〈1〉パブリシティは広告、PRと違う「忍者作戦」？という小見出しのもとに、広報PRの歴史が述べられる。

私が注目したのは、パブリシティについて「まだ今日ほどマスコミに普及していない頃は、どこか胡散臭い秘密戦術と言われ、今、思えば隔世の感がある」と書いた上で成功例を紹介していること。文体は変えるが、こんな内容だ。

〈ある時、某時計メーカーが、上野の科学博物館の屋上に、巨大な日時計を寄贈した。このことは、むろん時計会社の宣伝を兼ねたものだが、社会的にも教育的にも価値があり、なによりも目新しいニュースだった。

某PR会社は、日時計に関する興味ある知識の資料とともに寄贈式の案内を各新聞社、雑誌社にリリースした。このため寄贈式当日は、予想以上の取材陣が集まり、ニュースに採り上げられた。当時、企業のイベントには、会社名を出すことに神経質だった大手の新聞も、社名が入った記事を掲載している。それだけでも、このパブリシティは成功である。さらにPR会社が行なった電話による案内でNHKが動き、報道部の取材に結びついて、その日の夕方のテレビ「こどもニュース」で放送されたのだ。

公共放送は、一般企業の宣伝やPRに利用されることを極度に嫌っていたから、画期的なパブリシティであった〉

私は、『コミュニケーション』誌の宇山宏編集長に「新連載を楽しみにしている。筆者によろしく」とエールをおくりながら、次のような感想を付け加えた。

「見事な成功例。ならば、時計会社やPR会社の実名を明らかにしたほうがよかったのではないか」

同時に、四〇年近い交遊があるPRのプロフェッショナル、山根宏一さんに「この時計会社はシチズンであり、パブリシティにも、あなたが絡んでいるのではないか」と、その記事のコピーを送った。

ちなみに山根さんは、一九四〇年五月一六日、福岡県生まれ。二〇〇三年にサン・クリエイティブ・パブリシティ（略称サンパブ）の専務を退任、いまは悠々自適の身である。折り返し「懐かしい。日時計のPRは社会人になって初めての仕事でした」という手紙をもらった。

彼は、早稲田大学文学部を卒業後、六三年にフジ・インターナショナル・コンサルタントに入社。上司の上野秀和さんが六五年にサンパブを創業すると、もう一人の上司と一緒に行動を共にしたのだ。

手紙によれば「博物館の日時計は現在、つくば分室の倉庫にある」としたうえで、次のようにいわれる。

「同じ三五年前に設置した札幌中島公園と函館山山頂の日時計が老朽化したため、二〇〇八年六月に作りかえました。二〇〇九年は、三月二二日に横浜市青葉区の「こどもの国」社会福祉法人こどもの国協会、六月八日に宮城県・県民の森の日時計をそれぞれリニューアル。さらに新しく、六月一〇日の時の記念日に箱根彫刻の森美術館にお目見えしますが、実は、それらのプロジェクトをシチズン時計のかつての広報担当者に頼まれて手伝っています」

すでにリタイアしていた山根さんを引っ張り出した「日時計を甦らせる男」は、谷昌之さんという。

一九四三年二月一四日、兵庫県生まれ。六六年に早稲田大学法学部を卒業、シチズン時計に入り、広報宣伝、大阪の営業、宝飾事業本部の本部長などを経て、美術出版、印刷、テレビのテロップ製作などを手がけるシチズングループの優良企業、東京美術の社長を務めた。現在、同社の取締役相談役としてアートビジネスの中心的な存在だ。

世界に冠たるニッポン製の日時計についても簡単にふれておきたい。

その名は『小原式精密日時計』。一八九八年京都市生まれの故小原銀之助氏が独学で開発したもので、文字盤の横に貼り付けてある時差表を使うと「分」の単位まで読み取ることができる。

第一号は一九五三年、丸子多摩川園に設置された。シチズン時計が後援（設置の費用負担）するようになるのは、六二年以降のことだが、現在、国内外で四〇〇余基を数える。そして海外では、七六年のドイツ・ハンブルグを皮切りに、中国・上海、アメリカ・ハワイ、同フィラデルフィアに設置され「地球上の人々が二四時間、どこかで小原式の日時計を見られるようにしたい」という開発者のロマンは実を結んだ。少年時代から、日時計の夢を追い続けた小原銀之助さんは八三年に八四歳で亡くなったが、その技術と開拓者精神は娘の輝子さんに引き継がれている。

谷さんも山根さんも、若手社員の頃から日時計に関わってきた。力関係からいえば、スポンサーであるクライアントのほうが強い。だが二人は、「仕事は楽しく」をモットーに、それこそ肝胆相照らす仲になっていて、マーケティング型広報の時代を先駆する数々のパブリシティを成功させた。

たとえば、自動巻きの防水腕時計が開発されたときのキャンペーン企画は、アイデアがどんどんふくらんだ。

「製品をブイ（浮標）に封入して黒潮海流に乗せる。どこかの島に漂着したら、見つけた人は驚くぜ」

「小学生対象に〝私のねがい〟といった作文を募集して、優れた作品を時計と一緒にブイに入れたらどうか」

山形県南陽市の山あいにある分教場の小学生が書いた「本当の海が見たい」という作文が選ばれた。生徒は、全学年合わせても一〇人に満たない。いっそのこと全員を招き、船上から沖縄の海にブイを投下してもらう。その際、沖縄の子どもも招待して、海の子、山の子が一緒に参加するかたちにしたらどうか。

生まれて初めて海を見た子どもたちの感動を黒潮に乗せるイベントは、多くのメディアに取り上げられ、自動巻き・防水という製品特性は見事に訴求された。

話を日時計に戻そう。

二〇〇六年一一月に刊行した拙著『修羅場をくぐった広報マン』の第二部コミュニケーションの実際「企業とメディアをつなぐ」の中に、次のような記述がある。

〈三〇年も前のことだ。山根さんがいう。

「クライアントのシチズン時計が、ドイツのハンブルグに日時計を寄贈することになり現地に行ってきたんですが、台座の下にタイムカプセルを埋め込むというので、僕は日本を発つとき空港で買った〝オレンジ色のにくいヤツ〟夕刊フジを入れました」

PRがどうのではなく、山根さんの気持ちがうれしくて私は、「編集長から」というコラム（編集後記）にそのことを書いた〉

今回初めて知ったのだが、ハンブルグの日時計設置は、谷さんがシチズン時計のヨーロッパ支社と共同で企画、推進したもの。現シチズンホールディングス前社長の金森充行さんが当時、駐在員として実現に向け協力している。ちなみに、二人は同期入社であり、三〇歳台前半の連携プレーだった。

谷さんは、シチズンの宝飾部門を率いていた一〇年ほど前、各地で経年劣化した日時計の改修を提案したことがある。お得意様ご招待の宝飾展示会を札幌で開いた際、たまたま中島公園の日時計に再会し、あまりにも変わった姿に悲しくなったのだ。

だが改修は、誰が中心になって行うか、という段階から前に進まなかった。

二〇〇二年、東京美術の社長に就任した谷さんは自問自答し、〇七年に決断した。

「日時計は、文字通り環境に優しい。時計で生活の糧を得てきた者として、その改修・再生は当然の責務ではないか。東京美術が引き受けよう」

二〇〇八年七月、北海道の洞爺湖畔で開かれたいわゆる洞爺湖サミットは、世界の首脳が環境問題を討議する場。札幌中島公園日時計の改修は、タイミングもよかった。時計の関係者はいう。

「日時計は環境時代にふさわしい。そのイメージが、シチズンブランドの核、電池を必要としない超小型光発電システム内臓の時計『エコドライブ』の人気を後押ししてくれた」

当該の商品は、来日中の各国首脳と随行の人たちに贈呈され、シチズンの環境に対する姿勢と商品を世界に向けて発信できたのである。

山根さんは、ＰＲパースンの必須条件として「誠実さ」をあげる。誠実だからこそ、四〇年もの交遊を可能にして、そこからまた花を咲かせた。

「一〇〇年に一度の大不況」を切り拓くには、「これからの一〇〇年」を見越した、真に強さと優しさのある経営感覚が求められる。人を大切にし、人の力を結集し、創造開発する。「甦る日時計」の物語は、私たちを覚醒させる、古くて新しい何かがあると思う。

一二、CSRと笑顔、軍師登場

一〇人はどの若い広報関係者の集まりがあった。これ幸いと質問をする。

「挙手で答えてください。CSRについてご存じの方は?」

全員の手が挙がった。予想した通りだ。

CSR(Corporate Social Responsibility)、一般に「企業の社会的責任」と訳される。

二〇一〇年一一月、国際間の話し合いでISO26000によるCSRの国際標準が決まった。「組織が法令を順守して、関係者の意見をよく聞きながら、本業を活用して実践する。環境・社会の持続可能性に貢献するための活動」。それがCSRなのだ。

第二問に移る。

「CSV(Creating Shared Value)は?」

がたんと減って三人。いや筆者自身はじめて使う。「共通価値の創造」という意味だ。

広報と経営倫理に精通する畏友の明石雅史さんが解説してくれた。

「CSRは社会との関係の根幹ですね。CSVは、ビジネス上の競争戦略と位置付けられています」

責任論から戦略論へ。消費者、市民、ステークホルダー、それぞれとウインウインの関係を深めながら企業も成長していくのだ。

第三問、これは難しい。

「CSR、CSVの延長線上にESDという言葉が生まれました」

手は挙がらなかった。いや座が白けた。

ESD（Education for Sustainabie Development）は「持続可能な開発のための教育」。社会的責任を果たすための人づくり、ということだ。

私ごとで申し訳ないが、二〇数年前に『「企業風土」大転換の時代』という本を出した。「あとがき」にこんなことを書いている。

「私なりの問題意識で企業風土に関わる新聞記事のスクラップを始めている。大判の大学ノート（A4判七〇枚）三冊に、それぞれ『人材教育』『地球環境問題』『企業文化』というタイトルをつけたのだが、一年を過ぎてスクラップブックは三項目合せて一一冊を数えるようになった。

全部に目を通しながら、「企業風土は大きく変わりつつある」という実感を持った。どのようにしたら人材を確保できるか。地球環境保全はどう進めるか、という記事があふれている。そしてメセナの台頭だった。

とくに、企業文化部や社会貢献推進部といった、これまでの企業感覚にはない異色の組織に興味をひかれた。それぞれの組織のリーダーに会いたいと思った。

同書を上梓して二年後、『百考は一行に如かず「企業社会」変革への決断』を出版した。表題からもおわかりのように、くだくだ言わずにまず行動を起せ、と筆者（私）は怒っている。

CSRからCSV、そしてESDへ。その流れの一つの到達点として「企業と笑顔」を考えてみたい。

当方は、数年前から「我慢、笑顔、感謝」を己に言い聞かせてきた。

子どもの頃「欲しがりません勝つまでは」と我慢させられた。そして敗戦。日本人は廃墟から立ち上がっていく。

我慢はできる。感謝も忘れない。けれども笑顔は難しい。

かつて例会の講師を引き受けてくれたにホテルオークラ副会長（当時）の橋本保雄さんは言われた。

「毎朝、洗面の際に〝きょうも笑顔を忘れないぞ〟と何回も笑顔をつくるんです」

何年か前、ＣＤがついた全二六冊の『落語全集』（小学館版）を買い揃えた。ときおり、好きな六代目三遊亭圓生や二代目桂枝雀などを聴くのだが、落語は寄席で、あの雰囲気の中で聞かなければ心底からは笑えない。

某日、切り抜いた新聞や雑誌を整理していたら、五年ほど前の雑誌『諸君！』に掲載された「七七人、わが座右の銘」のファイルが出てきた。

「一寸先が闇のこんな時代だからこそ、あらまほしきは先達の知恵、仏陀、キリスト、孔子から魯山人、アントニオ猪木まで珠玉の言葉の数々がいま新たな輝きを放って心に沁みる。各界著名人、常連執筆陣が教えてくれた〝人生の指針〟七七編、一挙公開！」

どの一文を読んでも、さすがいいこと言うなあ、と感じ入るばかり。あえてその中の一人、白い見事なあご髭の訪問医師、鎌田實さんの座右の銘にふれたい。

それは一八六八年生まれのフランスの哲学者アランの『幸福論』の一節である。

「幸福だから笑うのではない。むしろ、笑うから幸福なのだと私は言いたい」

鎌田さんは実例を示された。

脳卒中で寝たきりになった九三歳のおばあちゃんを往診していたことがあった。親切なおばあちゃんで、周りの人から信頼されていた。心不全を起こし、肺水腫になって、おばあちゃんは臨終の場を迎えた。親戚も村の人たちも集まる中、僕が往診にいくと、おばあちゃんは僕だとわかり、娘に向かって、最後の言葉を伝えようとした。

おばあちゃんは、頭のいい人だった。ボケも一切なかった。感動的な言葉を遺していくのかなと思って、僕は聞き耳を立てた。

「先生にビール、やってくれ」

笑ってしまった。なんかピントがはずれているような感じがして、僕は笑った。僕が笑いだしたら、村の人たちもひきずられて、みんなで大笑い、泣いていた娘たちも笑い、臨終の場に笑いが広がった。

そのとき、後ろに立っていた村のおじさんが言った。

「やあ、さすがだ。いつも人のことを気遣ってくれた。最後の最後も、人のことを気遣いしている。さすがだ」

この一言に、娘は号泣をはじめた。うれしかったのだと思う。自分の母を村の人がほめてくれたのだ。娘の号泣に、居合わせたみんなの胸も熱くなった。命が消えていこうとする場でさえ、笑いがあることに救われた。

一週間ほどして、娘二人が病院にやってきた。笑いながら切り出した。

「先生、いいお葬式ができました。すべてが終わりました。これ、もらってください」

風呂敷包みをほどくと、ビールが一本、出てきた。おばあちゃんの遺言である。

幸せだから笑うのではない。笑うから幸せなのである。僕はいつもそう信じている。

あらためて、アランの『幸福論』〈神谷幹夫訳、岩波文庫〉を読み直した。

ＣＳＲと笑顔。なぜかアデランスを取材したくなった。

アデランス本社は、東京の地下鉄丸ノ内線四谷三丁目駅下車五分ほど、荒木町にある。その昔、四〇年以上も前にこの辺でよく飲んだなあ、と回想しながら歩いていると、広報の新田香子さんが途中まで出迎えてくれた。

世界に進出したウイッグ（人工毛髪）のトップメーカーらしい、瀟洒な落ち着いた雰囲気がある。

広報資料をいただいた。白い大封筒に真っ赤なアデランスの社名が鮮やかだ。三年ほど前までは社名入り封筒はなかったという。

同封されていた資料に、私は思わず声をあげた。

「CSRの一環として『笑顔』を取り上げたい」

スカイブルーの表紙に、白抜きで「笑顔のために　これまでも、そしてこれからも続けていくアデランスの取り組み」とある。ずばり、CSRと笑顔を結びつけたのだ。創業社長の根本信男氏は言う。

「私たちは多くの人々に夢と感動を提供したい、笑顔と心豊かな暮らしに貢献したいとの思いから、毛髪に関連するさまざまな取り組みを行なってきました」「多くの人にアデランスの活躍を知っていただき、また皆様からご意見をいただくことで、私たちは真の意味で、企業の社会的責任（CSR）を果たしていきたい」

ITについては、勉強しなければいけない、と思いながら、たとえば2チャンネルがどうの、などといわれるとギブアップだ。いまや常識のスマホも持っていない。

ところが、アデランスの笑顔戦略を取材するうちに、日本最大級をうたう動画サイトに出会った。名付けて『ニコニコ動画』、諸兄姉は先刻ご存じだろう。その動画配信のドワンゴは、出版大手のKADOKAWAと経営統合するという。

ドワンゴは二〇一四年四月二六、七の両日、幕張メッセで「ニコニコのすべてを地上で再現する」という巨大イベント『ニコニコ超会議3』を開いた。入場者は、安倍首相が来場したのをはじめ二日間で一二万四九六六人、ネット参加者は七五九万五五七八人に達した。

出展は、企業だけでなく自民党、共産党など政党のブースもお目見え。また土俵が特設され、横綱白鵬の土俵入りや迫真の取り組みに会場はわいた。

毛髪関連事業大手のアデランスは、公式イベントスポンサーとして協賛している。たとえば、若者に人気の「ファイナルファンタジーXⅣキャラクター」と提携、ヘアスタイルをウイッグで支援した。一方、とんがり帽子のような男子の髪形、いわゆるモヒカンの世界一（約一一八センチ、ギネス記録保持者・渡辺一祐さん）を超える、特注ウイッグの制作に渡邊さん自身が挑戦。なんと一気に一六〇センチの記録を作り、アデランスのブースは盛り上がった。

それより先、アデランスは、髪への悩みを持つがん患者の「ＱＯＬ（生活の質）」維持・向上を目的にＡＩＵ損害保険と業務提携を結び、両社の社名の頭文字をモチーフにしたコラボレーション（共同、合作）のシンボルロゴ『Ａ＆Ａ　笑顔のために』を発表している。

二〇一四年三月六日付の毎日新聞を引用しよう。


アデランスは二〇〇二年、病院内に抗がん剤治療を受ける患者が気軽に脱毛ケアやウイッグについて相談できるヘアサロンを開設。現在は一七店を展開し、医療向け事業に力を入れている。ＡＩＵは医療保険でウイッグの購入費用を補償するサービスを提供している平成二五年度の売り上げをみると、業界の首位をゆくアデランスの六七〇億円に対し、追撃するアートネイチャーは約四〇〇億円。その差は、女性ウイッグの力と海外展開にあるようだ。

日曜朝のテレビ番組で「カミの毛ビジネス最前線」というドキュメントを観た。

紹介はアデランスから始まった。広報の新田さんが笑顔で登場。「実は私も……」。ウイッグをつけていたのだ。

大手デパートにある女性ウイッグの売場も、実際に装着する女性の笑顔がいい。

それからしばらくして、新聞の番組表に、こんな長いフレーズがあった。

「私の何がイケないの？　第2の人生マル秘悩み解決。薄毛松岡きっこ67歳、恥を捨ててカツラ再出発」

女性ウイッグに力を入れるアデランスの巧妙な作戦。世界に誇る形状記憶毛髪の技術に感心した。

アデランスは、一九六八年九月に産声をあげた。それからほぼ半世紀。紆余曲折もあったが、二〇一一年に創業者の根本信男氏が代表取締役会長兼社長に復帰。「笑顔と心豊かな暮らしに貢献したい」という、かけ声のもと、価値創造の戦略的CSR企業として見事に会社を活性化させた。

CSR推進室を率いるのは箕輪睦夫部長。はやり言葉で言えば『軍師』と呼ぶのがふさわしい。

一九五六年六月七日、東京三鷹生まれ。兄と姉がいる。府中東高校を経て、武蔵大学経済学部を卒業したが、「日米会話学院」に通い、会話力を身につけた。その一方、少年期には相撲や柔道に没入。体力には自信があった。

大学卒業後、「財団法人国際教育協会」に入り、外国人に対する日本語講師の資格を取得したこともあって、海外を飛び回るようになる。そして人生の師ともいうべきビジネスパースンに出会う。経営コンサルタントとして独立したのは、弱冠二八歳だった。

二〇〇六年、アデランスの当時のトップから「海外部門を診てくれないか」と懇請され、海外事業部長として入社した。

「アメリカ法人は社員七五〇人。少なくとも二〇〇人は減らす必要があった。リストラの場合、やり方がまずいと争いになるんですが、弁護士が驚くほど訴訟は一件も起きなかった」

そして、米欧アジア一五か国の世界ネットワークをつくりあげた。

箕輪さんはこの一年、日本経営倫理学会のＣＳＲ研究部会で「事業と一体化した戦略的ＣＳＲ」について報告する一方、個人や投資家向けセミナーを実施。駿河台大学、東京大学、金沢工業大学、追手門大学、関西大学、埼玉大学、東洋大学で講義を行なっている。

ＣＳＲの軍師に拍手したい。

一三、ユニチカ広報マン、それぞれの道
——付録・広報いろは歌留多

日本経営倫理学会の創立二〇周年と社団法人経営倫理実践研究センターの創立一五周年を記念する書、『人にやさしい会社』（白桃書房）を読みながら、あらためて「広報は、人間の問題である」ことを強く思った。

「楽しく、面白く仕事ができる雰囲気があるか」「やさしさの原点は、絆、気づき、共感の新３Ｋだ」というコンセプトのもと学会のメンバーが共同執筆しているが、当然のことながら、わが友、明石雅史さん担当の第一章第二節「住まいの安全・安心・心の絆」から読み始めた。

「東日本大震災に対し、住宅業界には社会が求める課題を解決、貢献しよう、という理念が定着してきた」という記述がうれしい。

明石さんは兵庫県尼崎市出身、六六歳。いわゆる団塊の世代の先頭を走ってきた。甲陽高校を経て東大経済学部へ。学園紛争で卒業は一年遅れ、一九七〇年に、日本レイヨンとニチボーが合併したユニチカ第一期生として入社した。だが会社はどん底。先輩たちはどんどん辞めていく。彼はユニチカから象印、そしてポラスへ。広報一筋である。

ポラスでは執行役広報部長に栄進。青柳孝二、丸岡淳両君を育て、やじうま広報塾に送り込んでくれた。退任後、広報事務所を開設。経営倫理、社会貢献の問題を中心に、広報コンサルタントとして存在感がある。

「広報は、これからどのような方向に向かうか」という設問に、次のように答えた。

「これまでは、悪いニュースもマスメディアをウオッチしていれば、対応できた。しかしＩＴの発達、ソーシャルメディアとともに、あらゆるところから情報が出る時代になった。そこで、そういったメディアをきちっとチェックするとともに、社内からの情報漏れを防ぐため、積極的に情報を社内に開示し、かつ経営にたいして信頼感を抱かせ、マイナス行動に走らないようにしていくことが急務であろう。そのためには、風通しを良くし、社会に貢献している企業である、と従業員の共感を大きくしていくことが大切だと思う」

このあと彼は、「女性の経営への参画や社外取締役の任命など、考えられることをすべて行わなければ、社内を一枚岩にすることは難しい」と付け加えた。

当方は、その通り、と共鳴した。わが塾には将来、経営ボードに入るであろう女性が増えているのだ。

明石さんはさらにこういう。

「広報は、社内外へのタイムリーな情報発信と、ソーシャルメディアを含むあらゆるメディアに適切な対応をすることが求められる。同時に、危機管理の観点から社内の問題に目を光らせ、経営に対して改善・改革を訴えるとともに、世間、あらゆるステークホルダーとの対話、情報の交換を通じて、会社に有益な情報をフードバックすることが大きな任務である」

明石さんと久しぶりに会話しながら、彼のユニチカ広報時代におけるふたりの先輩の消息が知りたくなった。

そのひとり、日下部昌和さんは京都生まれの七四歳。京都芸術大学デザイン科を卒業、日本レイヨンに入社したが、ポスターづくりなどの自主制作部門は廃止され、デザサントに移る。マーケティング、広報宣伝に力量を発揮、子会社のデサントエンタプライズの取締役を務めた。

やじうま広報塾の創成期。塾は危機管理、ホームページなど問題別の部会があり、その中のひとつ人間研究部会は日下部さんを招いた。どういうわけか、その時の話しを鮮明に覚えている。

「歩くにしても私は、寄り道をしたり、わき道を歩くのが好き。寄り道、わき道を振り返る。そうすると本道からは見えないものが見えます」

そしていま、彼は本道ともいうべき「絵師」の道を行くのだ。

もうひとり、兵庫県出身の渡辺鴻さん、七八歳を紹介したい。大阪学芸大学（現大阪教育大学）を卒業、日本レイヨンに入り、販売促進部から宣伝、広報へ。イトーヨーカ堂で苦労され、すかいらーくでは社長室長など経営の中枢で活躍された。現在は温泉の出る伊豆の地で悠々自適という。

渡辺、日下部、明石三氏ともユニチカ時代、通称「三宅学校」といわれた名広報マン三宅健雄氏に鍛えられ、その後の広報人生につながった。

二〇年も前、渡辺さんは「後輩のために、こんなものをつくったんです。ほんの戯言ですが……」と言いながら『広報いろは歌留多』を見せてくれた。いまに生きる広報の神髄がそこにある。

い　犬とマスコミ逃げれば噛みつく
ろ　論より歩け
は　早合点はミスリードと同じ
に　苦手な記者も明日は友
ほ　ほどほどが悔いを残す

へ　へりくだり広報　無礼に似たり
と　トップ屋が通れば道理引っ込む
ち　治に居てネットワークを忘れず
り　理に勝つ法あれどブラックに勝つ理なし
ぬ　抜かれて走るより普段の付き合い
る　留守でも訪ねるが勝ち
を　奢れる者罠をも摑む
わ　悪い話は出向いて話せ
か　書かぬ記者に特ダネあり
よ　四つ目の魂百まで（四つ目とは、生活者、弱者、女性、そして国際化の目）
た　他社の振り見てわが社を直せ
れ　礼を尽くせば記者も人食わず
そ　その記者を知らざればその記事を見よ
つ　慎み戒しむべきはしたり顔
ね　ネアカは身を助く
な　慣れより素人広報の一燈
ら　来年のことも言えぬ広報　記者が笑う
む　無駄話から　こま
う　嘘をもって己のミスを洗う

い　鰯の頭も照らせば光る
の　飲んで唄えりゃ鬼に金棒
お　恩はネタで返せ
く　くいぜ（株）を守って記者を待つ
（「くいぜを守って兎を待つ」という諺がある。結局兎はこなかった。
常に知恵を出そう、という反語だ）
や　安請負いは嘘の始まり
ま　マスコミの走るを見て世の動きを知れ
け　消すより先の用心
ふ　普段の練習役立たず
こ　困った時の駆け込み寺
え　えせ広報の金いじり
て　デッチ上げ記事に深追いは禁物
あ　案ずるより逢うが易し
さ　三歩下がって社風に染まらず
き　記者の顔も三度
ゆ　ゆうべ（昨夜）の怖さ朝まで持たず
め　名刺は噛めば噛むほど味が出る
み　ミスは浮かれた時にやってくる

し　情報は持てるものに集まる

ひ　人に逢わずんば知恵を得ず

も　物好きヤジ馬芸のうち

せ　全国紙と見て恐るるなかれ地方紙とみて侮るなかれ

す　寸暇は惜しみ大暇は惜しまず

一四、加納信宏物語

「やじうま広報塾」の事務局長、住友重機械工業の東京本社企画本部コーポレート・コミュニケーション本部広報担当課長を務めていた加納信宏さんが、関西支社総務部の総務・安全衛生担当のグループリーダー（課長職）に転じた。

後任の事務局長は、大勢の仲間に親しまれているポラスの広報課長、丸岡淳さんに引き受けてもらった。時代は移り、変わる。

本稿を書いている二〇一四年一一月一三日、加納さんは四九歳になった。誕生日おめでとう。来年は五〇代だね、と肩をたたきたい。大阪生まれの大阪育ち。兄がひとりいる。

生家は、心斎橋まで歩いていける地下鉄四ッ橋駅近く、『正気屋（まさきや）』という屋号の飲食業を営んでいた。うどん、そば、丼物など。昼時はサラリーマン客でいっぱいだった。出前を手伝ったこともある。

父親は若いころに調理師免許を取得。二〇代後半に店を開いた。五年ほど前にのれんをおろし、いまは好きな日曜大工を楽しみ、ときには町内会主催の日帰り旅行に参加する。

母親はおだやかで細かいことは気にしない。

取材の被写体がどんどん両親に。ちなみに当方は、加納さんのおとうさんと同年。女房はおかあさんの一つ年下だ。蛇足ながら愚息は四九歳。

質素倹約、頑固一徹ながら心は優しい父親と、物事にこだわらない、いうなれば肝っ玉かあさんに育てられた。

お小遣いなんてない。だが、学業に必要な経費は惜しまない。たとえば希望する私立に行かせてもらった。大阪に勤務していたころ家を買い求めたが、多少の資金援助をしてくれた（注、転勤で売却。現在の住まいは賃貸）。

加納少年は、それこそ自由奔放に成長した。

幼いころから好奇心旺盛。剃刀の替刃をいじっていて手を切ったり、目覚まし時計を分解してしまう。高いところが大好きで、二階建て家屋の屋上にのぼり幅一五センチぐらいの囲いの上を歩いて、見上げる人をはらはらさせた。体育の鉄棒が得意だった。

そして無類の動物好き。家では犬を飼っていたが、近所の犬とも仲良しになった。

性格は温厚。争い事が嫌いで、友達と殴り合いの喧嘩をしたことはない。小学生時代、推されて学級委員になった。

「どちらかといえば天邪鬼。多数派意見には寄らず、マイペースな少年だったと思う」

出会い・間合い・残心。それは私自身、いちばん大切にしている信条だが、加納さんも好きな言葉は「一期一会」。次のように言う。

「人生にはいろいろなターニングポイントがあるけれど、そのときのちょっとしたきっかけが、今につながっている、と思うと不思議ですね。中学二年のとき、友人に誘われて吹奏楽部に入部。スッカリはまって高校、大学とクラリネットを受け持ちました。妻の恵美子は大学の後輩です。吹奏楽部で出会ったんです」

加納さんと音楽については、かつて塾長コラムで「君は二つの顔を持っているか」と題する一文を書いている。会社の仲間で組む「おやじバンド」ではドラムを担当しているが、ここ二年ぐらいは活動休止中。だが個人レッスンは続け、ときにはスタジオを予約して叩きにいくそうだ。

弾くだけでなく、聴くのもプロである。自宅のリビングにはDENONのアンプとCDプレーヤー、DIATONEとBOSEのスピーカーが鎮座している。

学生時代はクラシックもよく聴いたが、最近はJ―POPやJAZZが中心。好きな作曲家はチャイコフスキーやラフマニノフ。歌手は倖田未来、スーパーフライ、いきものがたりなど。

もうひとつの趣味はドライブ。愛車スバルのWRXは、ラリーで活躍しているスポーツカーであり、本人は「レース競技に参加したい」。だが、当然ながら恵美子夫人のゴーサインはなく、実現の見込みはない。

「ワインディングロードを走る。爽快ですね。房総半島や富士周辺のドライブコースもおすすめです」

弾く・聴く・走る、そして読む。

通勤には文庫を手放さない。だいたい月に二～三冊。好きな作家は万城目学、百田尚樹、道尾秀介、近藤史恵など。

いま、お薦めの作家は最近、国際アンデルセン賞を受賞した上橋菜穂子。「ジャンルは児童文学に属するけれど、代表作の『獣の奏者』や、守り人シリーズの世界観は圧巻」という。好みの分野は、文化人類学、ファンタジー、ホラーなど。そういえば中学生のころ、ターザンで有名なE・R・バローズにはまり、金星シリーズなどのSF作品、そして小松左京や平井和正にのめりこんだ。

塾のみなさんは、毎年夏になると、塾報の八月号にこわーい怪談が掲載されるのをご存じだろう。もう六年になるだろうか。筆者は作品ごとにペンネームを変えているが、果たして実名は？　新田編集長に訊ねても「お答えできません」。

私は、送別の宴が終わった後、はじめて加納さんに言った。「あなたの夏のミステリーは、読ませた。ありがとう」。

いつの日か、日本推理サスペンス大賞受賞ということに。

加納さんは、私立追手門学院高校を経て大阪府立大学経済学部卒業。昭和が平成に代わった一九八九年の四月一日、住友重機械工業に入社した。

新人時代の三年間は、愛媛県の西条工場管理部に配属。ついで関西支社（大阪）で化学プラント装置や橋梁の営業に関わった。工場と現場（営業）、あるいは民と官需。多彩な業務経験を持つ社員は珍しい。

二〇〇四年五月、本社広報部門へ。すぐに上司のミッチーこと渡辺美知子さんと塾にみえた。折から創塾一〇周年。カゴメの山本善太さんとベネッセの永田純代さんが「一〇人で締切」という文章講座を企画してくれて、その受講者の中に加納さんがいた。

講座は三回。六〇〇字ぐらいの原稿を提出してもらい、添削の上、講義に入る、という仕組み。だが無情な講師は、おそらく受講者の最年長であろう加納さんの原稿を悪い例として俎上に載せた。書き出しの一枚目、添削することもなく、原稿用紙の半分ぐらいをそっくりカットしてしまう。

「このような短文の場合、ずばり本題に入ろう」

私だったら、その添削原稿は同僚に見せない。だが彼は、講義内容を広報部の仲間と共有したのだ。

私は、深い感銘を受けた。それから一〇年である。

広報担当者としては、社内の安心と信頼を得ること。そのため事業部目線での広報を心がけた。だが不祥事対応は違う。社外の立場で考えないと傷が大きくなってしまう。どこまで開示するか。どう表現するか。会見は必要か、など広報としてマスコミ視点での意見を述べ、対応方法について調整を図っている。

二〇〇六年、塾報編集長。二〇一二年、事務局長。

加納さんは、塾報編集部とABC三チームの編成と展開に、それこそ緻密で大胆なコミュニケーション能力を発揮された。いま、しみじみと言う。

「やじうまは、異業種の広報担当者がともに学べる貴重な場です。そしてそれ以上に人間関係を築いていける稀な組織だと思う。数ある講習会で、このような会に出会ったことはありません。今の姿を失わず、継続していってほしい」

塾長のあり方についても、それこそ歯に衣を着せずに、注文をつけてくれた。

加納信宏さん、元気に行ってらっしゃい。さよならは言いません。

一五、一〇冊分の『広報見聞録』を書いた男

二〇〇九年一〇月一七日の午後、東京有楽町のニュートーキョー本店七階にある「桃杏楼」で三菱電機広報部四〇周年の集いが開かれた。総勢三〇人。いうなれば広報ＯＢ会だ。発想し実現させたキーマンに拍手したい。

三菱電機の広報組織「社長室広報部」が発足したのは一九六九年八月一六日。初代部長の渡部泰助氏から現職の諸岡暢志氏まで部長は一六人を数えるが、うち五人が顔を見せた。門外漢はなぜか私一人。中締めのころ、マイクの前にひっぱりだされたので「まさしく継続は力なり」と述べた。

私は、初代から一〇代目までの部長と親しくさせていただいた。三菱とは癒着していたわけではないが、なぜか好感を持ったのだ。いろいろ考えるうちに、「三菱電機広報」という風土をこつこつと耕し続けた男の存在に気付く。冒頭にふれた四〇周年のパーティを成功させた通称若さま、あるいはコンちゃんと呼ばれる近藤若三郎氏。なにやら旅回り一座の役者のようだが、名前の由来は本人もわからない。粋な父親だったのだろう。

若さまは一九四四年六月一一日、東京・渋谷の生まれ。男ばかり四人兄弟の次男だが、東京大空襲のとき、母親に背負われて焼夷弾が降ってくる中を逃げた。翌朝、誰かが「この子は死んでいるぜ」というほど、ぐったりしていたという。焼け出された一家は八丁堀へ。

家業は印刷業。文選・植字という活版の中で育った。本人は「活字を意識したことはない」そうだが、広報の仲間からはメモ魔と言われた。自身の広報人生を記録した膨大な『広報見聞録』を拝見するにつ

け、生来の活字人間であることが見えてくる。Ａ４・四〇字×四〇行で八〇〇枚。実に単行本が一〇冊できる分量だ。

三菱電機入社は一九六六年。宣伝部門に配属となり、三年後に新設の広報部へ。スタッフは人事、経理、企画、営業、それに事業部門から、といういわば寄り合い所帯だけに、宣伝でマーケティングＰＲのような仕事をしていた近藤さんは広報部プロパーの一期生といっていい。そしてナンバー２の次長にまで昇進。二〇〇二年一〇月、コンピューターのソフトウエアを扱う子会社の三菱スペース・ソフトウエアに移るまで延べ三三年間、広報部に在籍したことになる。

実体験に裏打ちされた近藤さんの広報哲学は貴重だ。いくつかをご紹介しよう。

広報部が誕生する前夜に、事件は起こった。「茨城県下の民家で三菱電機白黒テレビが爆発。青白い光を発している」というマスコミからの通報。緊急事態発生である。

真相は、テレビを置いてある部屋の畳下に旧日本軍の火薬を隠匿。自然発火した火薬に含まれている硫黄が青白い光を発した、ということ。

テレビは本来的に爆発するようなものではない。まして青白い光は発しない。そのように説明しても、メディアにいったん書かれると書いたことが事実になってしまう。

「マスコミの凄さ、怖さを認識しました」

ついで一九七四年八月三〇日午後一時前、丸の内の三菱重工本社ビルが爆破された。三菱電機広報部は当時、現場の前のビル九階にあり、道路側の窓ガラスが全部割れた。

「動くな！　と武田光雄部長。緊急事態発生時におけるリーダーの冷静さ。妙に感じ入ったことを覚えています」

ちなみに九階は、廊下をはさんで広報部の前に三菱電機診療所がある。次々に運び込まれる負傷者で、まるで戦場のような凄惨な状況になった。

近藤さんにとって、広報担当者として最大の修羅場はやはり、危機管理に関わること。一九八二年六月二三日に外電が伝えた「ＩＢＭ産業スパイ事件」であろう。米国に駐在する日立製作所と三菱電機の社員が逮捕されたのだ。すでに日本に帰国している社員にも逮捕状が出ている。

ありていに言えば、ＦＢＩ（米国連邦捜査局）のおとり捜査だった。背景として知的財産権を守る、という国家戦略があったが、ＦＢＩ自身が情報コンサルタント会社を設立して罠を仕掛けたのだ。

米国の弁護士は「しばらくはノーコメントで通せ」という。だが、日本では、沈黙は事態を悪くさせる。危機は危機としてとらえる。早急に事実関係をつかむ。嘘はつかない。逃げるな。その原則のもと「会社の立場、考えを明確に主張する」ことが確認された。

関係する部門と、近藤さんら広報担当者でチームを結成。太田英男・常務取締役電子事業本部長が「俺がすべての責任を持つ」と先頭に立った。

外電の第一報は、新聞社の社会部デスクから現場近くにいる記者へ。この場合の現場とは、丸の内にある三菱電機本社のこと。呼び出しを受けた警視庁丸の内署詰め記者は「産業スパイってなんや？」といぶかりながら広報部に駆けつけた
「記者さんは、コンピューター技術のことなどご存知ではない。それだけに懇切丁寧に説明することを心がけました」

発生から一年後の一九八三年六月二三日、産業スパイ事件を追い続けた朝日、毎日、共同通信、時事通信、ＮＨＫの記者がそれこそ呉越同舟、近藤さんと盃を合わせた。そして「年に一度ぐらい、この顔

ぶれで集まろうではないか」と。

近藤さんは、広報マンとして、一〇のうち六はマスコミサイドに立ったモノの見方、考え方をする。社内の立場、というスタンスは四ぐらいに抑えてきた。別の言い方をすれば、気配り。相手を思いやる優しさがある。事件記者とのクラス会のような集まりは、近藤広報哲学の結晶として評価されるべきだろう。

彼が紡いた『広報見聞録』には、三菱電機広報のすべてがある。記者会見の全容、トップインタビュー、個別の取材など丹念にメモを取り、記録に残したのだ。

歴代の部長は、部員に何を語ってきたか。それも、きちんと記録されている。

九代目の斉藤達二部長は、ユニークな「広報部行動指針」をつくった。

一、外に出ること。意識して外部の空気に接する。

二、その時、歩きながら空を見上げて、地球上の現在の位置付けを知覚する。

三、そこで人の話に耳を傾け、まず拝聴する。時に、おしゃべりも勿論する。

四、会話ではおのずと人格、識見が露呈するので、日々学識の向上に努める。

わかりやすい。説得力がある。

斉藤さんの後を継いだ一〇代目の坂田彪部長は「広報担当者は文章力を磨け」といった。トップのゴーストライターを務めることができないようでは、真の広報担当者とは言えない、というわけだ。

某月某日、近藤さんにお鉢が回り、業界団体の会報誌に社長の随想を寄稿することになった。さて何を書くか。普通の人間なら頭をかかえてしまう。だが、近藤さんは違う。

「メモが役立ちました。インタビューで社長が話した、自宅の居間にある掛け軸の言葉『和気豊年を兆す』をテーマにしたんです」

「きょうの自分は、あすの他人。先のことはわかりません。だからでしょうか、広報の仕事は面白かった。会社にくるのが楽しかった」

転出先の子会社ではほぼ三年、経営企画部と事業企画部の担当部長として渉外や信用管理、人材教育などを受け持ったが、「あと三年は」という強い慰留を断って、それこそ自由気ままのフリーになった。『仏像彫りのすすめ』という書物に出会ったのがきっかけらしい。

会社勤めを辞めた後、月に二回、土曜日の午後に二時間ほど仏像彫りの教室に通っている。はじめにふれた三菱電機広報部四〇周年のフィナーレ、映像が映し出された。近藤さんが約半年、魂を没入させた、一尺五寸（四五センチ）の『十一面観音菩薩』の立像である。お見事！　というほかない。

一六、広報室を沈黙させてはいけない

高杉良さんの代表作のひとつ『広報室沈黙す』が二〇一〇年二月中旬、文春文庫として発売された。一九八七年一二月・講談社文庫、一九九八年七月・集英社文庫、つまり版元を変えてほぼ一〇年ごとに登場する作品。歳月を超えて読み継がれる生命力に恐れ入ってしまう。

私は、文春版の「解説」を書くに当たって、わが同志数人に感想を求めた。それぞれ部長、マネジャーといったリーダーの立場にある。

「いまから七、八年前、広報という職について、リスク管理の重要性が身にしみていたころに読んだ。バブル以前の金融業界（損保業界）と大蔵省のいびつな構造。そして保身を図る経営幹部たち。正しいことを貫くために苦悩する広報課長の姿に共感。同時に、いまは時代も変わって、ある程度の声が発せられるようになった、という安堵感を持った」

「入社一一年目、広報部に配属になった時先輩から読んでおけ、と薦められた。広報部ってこんなどろどろした人間関係に携わる部門なんだ、というのが第一印象。もう一度読んでみようと思い、図書館から借りてきた。時代背景に関係なく、広報マン必読、という印象をあらためて強くした」

「小説の主人公は、気骨とか気概という言葉が相応しい、よき時代の広報マン像。当今は絶滅種のひとつではないか」

広報担当者のバイブルのようになった『広報室沈黙す』は、一九八三年五月から一九八四年三月まで、私が所属していた『夕刊フジ』に連載された。その経緯についてふれておきたい。

辛口評論家として独自の地歩を築いた佐高信さんがまだ無名だったころ、彼の新著『経済小説の読み方』が送られてきた。バイブレートした私は、たんなる新刊紹介ではなく、インタービュー記事に仕上げた。

私と佐高さんは確かな出会いに発展していく。そして無謀にも編集局長の了解を得ないまま、経済小説の内側に迫る『実と虚のドラマ』の連載を頼んでしまうのだ。

「三〇回でいい。私に勝負させてください」

鬼より怖い編集局長は、最初に届いた佐高原稿を読んで、なんと言ったか。

「一〇〇回はいけるぞ」。佐高さんが世に出る瞬間である。

某日の夕刊フジ編集会議。文化部長が連載小説の書き手として高杉良の名をあげた。局長は首を縦にふらない。私は援護射撃した。「佐高は、城山三郎の後継者は高杉良、と言ってます。私もそう思う」

高杉さんは当初、小説の主人公に人事パースンを考えておられた。それに対して私は、広報パースンをモデルに、とお願いした。その辺は「解説」にも書いたが、編集者としては「広報の時代に先駆する小説」という思いがあった。

企業経営にとって広報は、どういう存在か。そしてどうあるべきか。作者は強い問題意識を持って幅広く取材された。主人公の新任広報課長木戸徹太郎は、作者が感情移入して創りあげた人物なのだ。

塾のメンバーで未読の方はぜひ読んで感想を聞かせてほしい。物語のあらましにふれておこう。

損保業界の名門、世紀火災は昭和五六年四月、異例ともいうべき大蔵省の監査が入り、厳しい業務改善命令を受けた。そのことを『中央経済』という雑誌がスッパ抜いた。「渡辺長期ワンマン体制のひずみ」「損保業界始まって以来の不祥事」とセンセーショナルな大見出しが躍っている。

それより先、大蔵省の銀行局長から次期社長含みで天下っていた安岡忠男副社長（のち副会長）はやがて渡辺に疎まれ、わずか三年で追い出されてしまう。大蔵省の監査は、安岡がやめて半年後のことだ。世紀火災は、渡辺火災とか渡辺不動産と揶揄されるほど、渡辺弘毅会長が私物化していた。経営陣も、社長の座をうかがう副社長の加藤俊彦は渡辺の甥、出世頭の代理店部長中橋幸一は、渡辺の女婿である。渡辺のかつての愛人が、特別補佐役として定年後も高給を得ている。さらに医者をしている長男に年間五〇〇〇万円以上の嘱託料を払っているのだ。

読者としては、取締役総務部長兼広報室長の青野明を張り倒したくなる。新任の広報課長が、記者クラブ対応で苦しんでいるのに助けようとしない。それこそ、するりするりと体をかわし、常務昇格、さらに次の次の社長を狙う。

「雑誌記事の内容は誰が喋ったんだ」と探索を命じられた木戸は、中央経済の福井記者に体当たりする。むろん福井はニュースソースを明かさないが、次第に青野が発信元、ということがわかってくる。

突然、C新聞が「川本健夫社長を取締役相談役へ更迭、加藤俊彦副社長を社長に昇格させる人事を内定」と報じた。

怒った川本は、木戸に「記者クラブに事実無根の張り紙をしろ」と無理難題を言う。

社長の意思で決めた記者会見の時間が迫っているのに、川本は会長室から出てこない。なにやら渡辺に詰問されているらしい。ここは広報担当でもある加藤副社長か、最悪でも取締役広報室長の青野の出番だが、ともに動く気配はない。木戸はやむなく「社長は軽い心臓発作を起こした。一過性なので大丈夫と思うが大事を取って会見をキャンセルしたい」という弁解を用意して、ひとりで記者クラブに乗り込んだ。

木戸は、記者たちにそれこそ袋たたきに合う。まさに米搗きバッタだった。

私自身、元新聞記者。日銀の金融記者クラブに在籍していたこともる。昭和三〇年代に経団連記者会に所属し、機械（自動車、電機など）を受け持ったが、東京オリンピックの取材要員にかり出されてサッカーを担当。その後、日銀へ。記者クラブの入り口に「無用の者入室を禁ず」という張り紙があるのに驚いた記憶がある（あまりにも高慢ちき。クラブ総会で問題にし、張り紙をはがした）。

木戸徹太郎は、初めて訪ねた日銀記者クラブで親切に対応してくれたE新聞島村記者の紹介で日本モータース東京広報部長、江藤正に会う。

江藤は、定期入れから紙片を取り出した。

〔男の修業〕苦しいこともあるだろう。言いたいこともあるだろう。不満なこともあるだろう。腹の立つこともあるだろう。泣きたいこともあるだろう。これらをじっと、こらえてゆくのが男の修業である。

「山本五十六元帥が遺した言葉と言われていますが、二〇年以上も広報をやってますと、ときには死にたくなるようなひどい仕打ちにあうこともあります。そんなとき〝じっとこらえていくのが男の修業である〟と、わたくしは二度三度とつぶやくようにしているんです」

江藤はそう言って、さらに一一項目にのぼる「広報の条件」を示した。

①誠実で努力家で勉強家である＝こうほう（広報）を逆にしたのがほうこう（奉公）。社会に対する奉公が広報の基本と考える。

②自分を捨てる覚悟を常に持っている＝いつ会社を辞めても、というぐらいの覚悟を持っていなければ、いい仕事はできない。

③知恵才覚と気配りのできる人＝広報マンは態度がぞんざいでは困る。

④忍耐心が必要である＝広報の仕事をしていると中傷や冤罪が多いが、それらは広報マンの宿命であり、耐えなければならない。
⑤失敗を恐れてはならない。
⑥感謝の気持ちを忘れてはいけない。
⑦趣味を持つことが大切だ＝さまざまな問題が頻発した時など心の切り換えができなければ、陰々滅々の生活になってしまう。
⑧広報の王道を歩む＝ひとりの記者を味方にするために嘘をついたり、他社の悪口を言ったりしても、そのような広報は成功しないだろう。
⑨何より健康が大切だ＝広報マンは誰しも激職だと思うが、広報の仕事をしていて病気にでもなると、いいことはいわれないものだ。
⑩家庭を大切にする＝奥さんは、一番の理解者であり、打算がなく率直に忠告し、批判してくれるはずだ。
⑪人生の師表を持つことが大切だ＝妻にも仕事仲間にも話せないようなこともあるかと思うが、そのような時に素直に相談でき、時には厳しく叱正してくれるような師表がいなければ、広報という仕事はやっていけないのではないかと思う。

約三〇年も前、電車の中で『広報室沈黙す』を読んでくれた愛読者、十一章と十三章に登場した近藤若三郎、明石雅史両氏に、あらためて感想を聞いた。

「広報マンはどこを向いて、誰のために仕事をしているのか。そのことを考えさせられた。広報の仕事に携わる者は、難しいことではあるけれど、社内論理に抗する気概を持っている必要があるのではない

か」（近藤さん）

「男の修業と、広報マンの一一の項目は今も生きている、と感じた。近ごろ、記者魂が薄くなってきたように思う。福井記者や島村デスクのような方々が少なくなったのは残念だ」（明石さん）

私は、『広報室沈黙す』の連載が終わってから三年後、五五歳で定年退職。フリーになるが、高杉作品の連載に関わったこと、とくに広報パースンをモデルにしたことは、私自身の「その後」を決定づけた、といっていい。猪狩誠也さんのヒキを得て、猪狩さんが事実上の編集長をつとめる経済広報センターの会報誌に一九八九年一月号から一二月号まで一年間にわたって『広報は人なり』を連載させてもらったのだ。それは大幅に加筆のうえ『企業に「心の人」あり』という表題で講談社から上梓された。うれしはずかしの処女出版だった。

ビジネス小説の巨匠と言われる高杉良さんに対抗するつもりはサラサラないが、私なりに「事実は小説より奇なり」と広報担当者に光を当てていきたい。

広報室を沈黙させてはいけない。

第二部　己はいま、何をすべきか

一、手術後の病室で考えたこと

入院中に、世の中ひっくり返った。

二〇一一年三月一一日午後二時四六分、四階のリハビリ室から六階の病室に戻って数分後、ぐらっときた。その揺れは激しく、長い。すぐにテレビをつけた。気象庁によれば、震源地は宮城県三陸沖でマグニチュード8・8〈その後9・0に訂正〉。宮城県栗原市で震度7を記録した。

「津波警報が出ました。海岸に住む方はすぐに高台に避難してください」

『東日本大震災』（気象庁の当初発表では「平成二三年東北地方太平洋沖地震」）の発生である。

惨事を大きくしたのは、地震による家屋の倒壊はもとより、青森から茨城にいたる太平洋岸の漁港が根こそぎ大津波に呑み込まれ、そして福島第一原子力発電所の一部が崩壊、放射能漏れの危機につつまれたことだ。

私は、それから退院までの一週間、病室に持ち込んでいたオールウエーブのラジオでテレビやFMの被害報道に聴き入り、家内が持ってきてくれる新聞を丹念に読んだ。

生々しい災害現場。避難した人々の絶望的な表情。そして「危機管理が後手に回った」とか、「危機管理がちぐはぐだ」という新聞メディアならではの批判記事に「なるほどなあ」と思いながら、「枝野官房長官の説明は分かりやすいし、頑張っているな」と、病室でエールを送りたい気持ちにもなった。

私と同年配の老人、いや、当方とは天と地の違いがある権力者が、今回の大震災について「天罰」という表現を使った。阿呆だなあ、と思う。

私は、率直にいって支持政党はない。

みなさんは、後藤新平という人物をご存知だろうか。

一九二三年九月一日、関東大震災が発生した。内相に就任したばかりの後藤は、こう言った。

「古きものはことごとく滅び去った。浮薄にして軽佻。不真面目なりし過去の生活は滅び去ってしまった。その後に、新しき、力あるものが、建ち上げられるのだ。その力は、この五尺の小躯にこもっている。然り、この腕一本、脛一本で持って！」

そして大震災の翌日には、早くも四つの基本方針を示している。

遷都はしない。復興費は三〇億円〈当時の国家予算の倍〉を要する。欧米の最新の都市計画を採用してわが国にふさわしい新都をつくる。新都市計画実現のためには、地主に対し断固たる態度を取る。

世にいう「後藤の大風呂敷」。その復興計画は大幅に後退を余儀なくされたが、内外から多彩な人材を集めたところに後藤の魅力、凄さがある。

「一に人、二に人、三に人」

後藤の口癖だった。

晩年、ボーイスカウト少年団に傾注したが、子どもたちに「人のお世話にならぬよう、人のお世話をするよう、そして報いを求めぬよう」と、後藤ならではの『自治三訣』を教えた。

いまの日本に、後藤新平のような人物がいるかなあ、と考えながら、ラジオを聴いた。

「被災地にいるおじいちゃんに、水前寺清子の３６５歩のマーチを」「小さい子がまだ起きているかもしれない。アンパンマンの歌をかけてください」「ひとりじゃない、みんなつながっているんだ」

深夜放送にあふれる優しさに「日本は大丈夫だ」と確信する。

翌朝、病院の売店で買った読売新聞の一面コラム『編集手帳』に共鳴した。その一部をご紹介しよう。英紙インデペンデントは一面全部を使って「日の丸」のイラストを掲げ、日本語で〈がんばれ日本。がんばれ東北〉と書いた。イタリアでプレーしているサッカーの長友佑都選手がピッチで掲げた「日の丸」には、〈ひとりじゃない　みんながいる！〉とあった。今、こうして書いていて、文字がにじんでくる。あの地震が起きてからというもの、涙を燃料に毎日を生きている。そんな気がする。（三月一七日）

退院したあとに読んだ新聞に、次の記事があり、この老漁夫に会いたくなった。

「自慢の漁船も流されちまって、どこさ行ったかわからねえ。でも、下ばかり向いていたって暗くなるばかりだから、とにかく明るく働くんだ。まあなんとかなるべなってな」（青森県八戸市白銀の漁業、阿部利雄さん八一歳。三月二〇日付朝日新聞朝刊「今伝えたい被災者の声」）

私ごとながら、ふと思う。妻・ゆき子の励ましを得て手術に踏み切ったが、もしも逡巡して、今も右脚を引きずっていたら、精神的に今回の大震災に耐えられたかどうか。

私は、入院・手術に当たって三つのことをわが身に言い聞かせた。笑顔・感謝・我慢である。

手術の三日後に書いたメモをお見せしよう。

二〇一一年二月九日午前九時、練馬高野台にある順天堂大学医学部付属練馬病院三階の手術室に入った。これで右脚の痛みともサヨナラだ、と思うと前途洋々、恐怖感はない。笑顔で家族にVサインだ。手術室の様子は？　と周囲をうかがううちに麻酔が効いてきて意識はなくなった。

「島谷さん、終りましたよ」執刀医の坂本優子先生。「ありがとう」と言いたいのだが、入れ歯をはずしているので声にならない。

顔に酸素マスクをつけ、背中に装着した硬膜外ポンプから痛み止めが注入される。右腕に輸血、左腕に点滴の管。そして脚には、手術によってたまった排液を出す創部排液管や、おしっこを自動的に出す膀胱内留置カテーテル。さらに血栓予防のポンプを脚に巻く一方、両脚の間にボストンバッグぐらいの大きさの通称「外転枕」をはさむ。上半身に着せられたタオル地の下着は両側に三本ずつ、計六本のひもがついていて、ベッドの柵にくくっている。

要するに、がんじがらめだった。

それでも、術後一日目にミスった。使わなかった輸血用の自己血を点滴で体内に戻しているときである。「まもなく終るなあ」と気が緩んだのか、うとうとしながら管をちぎってしまったのだ。

純白のシーツが血で染まる。

この不始末から、指が悪さをしないようにグローブ風のものをはめられた。いらいらしてくる。幻覚があらわれた。病室の天井に、徳川秀忠の生い立ちの記とか、武者絵、漢詩、さては、読んだこともない女性アニメの主人公や、世界地図までひろがる。

「徳川二代将軍秀忠と順天堂はどんな関係があるのか」と真剣に考えたのだから、おかしい。「幻覚はグローブのせいだ。両方の指を自由にしろ」と、このときだけナースを怒鳴った。翌朝、謝ったが、それ以降は「我慢」を守っている。

「右脚奮闘記完結編・手術ドキュメント」を書くつもりで走り書きしたメモはここまでだが、三月八日に荻窪の東京衛生病院に転院。午前と午後のリハビリ治療を行い、一八日に退院した。

病室ではいろいろな本を読んだが、はじめに持ち込んだのは座右の書『言志四録』(講談社学術文庫)。海外旅行のときなどは一冊だけバッグに入れるが、今回は言志録、後録、晩録、耋録の全四冊を持参、初めて全巻を読み切った。

著者の佐藤一斎は江戸末期の大儒家、四二歳から八八歳の長寿を全うするまで一一三三条に上る語録を残した。門弟に佐久間象山がいて、その象山を通じて勝海舟、坂本竜馬、吉田松陰ら明治維新を彩る人物を生み出すことになる。西郷隆盛は、一斎の言志四録に没入し、好んで口にした一〇一条を抄録して、己の戒めにしたという。

文庫の全訳と注釈をつけた川上正光という人物は、東京工大学長を務められた科学者だが、注釈に味がある。

私は、「晩録」の六〇番「学は一生の大事」を金科玉条にしている。

少にして学べば、則ち壮にして為すこと有り。壮にして学べば、則ち老いて衰えず。老いて学べば、則ち死して朽ちず。

川上先生は、これにマッカーサー元帥が座右の銘にしたＳａｍｕｅｌ　Ｕｌｌｍａｎの「Youth」と題する詩を紹介する。

「若さ」とは人生のひとときをいうのではない。それは心の状態をいうのだ。逞しい意思、優れた想像力、炎ゆる情熱、怯懦を乗り越える勇猛心、安逸を振り切って冒険に立ち向かう意欲、こういう心の状態を「若さ」というのだ（「電力の鬼」といわれた実業家松永安左エ門の訳詩）。

百歳を迎える聖路加国際病院理事長の日野原重明さんは「挑戦する限り老いない」と語っている。年齢のことはさておき、手術に踏み切って本当によかった。

二、東北の若者たちへ

震災発生から二週間後、産経新聞に掲載された次の記事に、私は括目した。
「東北電力女川原子力発電所（宮城県女川町、石巻市）の体育館で近隣住民二四〇人が避難生活を送っている。東京電力福島第一原発の事故が連日伝えられる中、被災者はなぜ原発を避難先に選んだのか。原発は、各自治体指定の避難所ではないが地域住民などへの広報施設として開放している「女川原子力PRセンター」に被災者が集まってきた。東北電力は人道的な観点から受け入れを決定。同センターは水や電気などが不十分なことから、職員の厚生施設として利用している原発施設内の体育館に被災者を誘導した」

原発職員と地域住民の日頃のコミュニケーションが良くいっているからこそのニュースであろう。わが「やじうま広報塾」の同志、本社広報・地域交流部副部長の宮本保彦さんが補足説明してくれた。

女川原発は一九八四年六月に営業運転を開始したが、立地に当たって大津波をどこまで想定するかの判断が福島原発との明暗を分けた。そこに劇的なドラマがある。

設計上の想定大津波は三メートル。ところが立地の際、社内外のメンバーによる技術委員会に参画した一人の人物が一二〇〇年前の貞観大津波（推定九メートル）に備えることを強硬に主張、当時の経営首脳も、その意見に同調して、なんと一四・八〇メートルの高台に立地したのだ。襲来した大津波は一三メートル。しかも地震で地盤が一メートル沈下したことを考えると、背筋が凍る思いである。

地域住民ばかりか会社を救った男、平井弥之助さん。土木工学の権威として知られたが、一九六二年に副社長を退任。〝電力の鬼〟といわれた松永安左エ門翁に見込まれて，翁が主宰する電力中央研究所所長（現在の職名は理事長）を務めたが、八六年に八二歳で亡くなった。平井さんの墓所には香華が絶えないという。

東北電力の場合、大津波より七月二九日発生の豪雨がこたえた。技術の進歩により無人操作になっていたため、幸いにも人命の被害はなかったが、反面、無人ゆえに発電所の被災状況を把握するのが遅れた。同社の水力発電は原発一基分に相当する一〇〇万キロワットを喪失したといわれる。

送電線の復旧に没入した社員は言う。

「いつになったら電気はくるんだ、と何度も怒声を浴びました。けれども電燈の灯りがついたとき、被災者の方々から、ご苦労さま、ありがとう、と声をかけられ思わず涙があふれました」

四月二九日、東北新幹線が全通。そしてプロ野球パ・リーグの楽天イーグルスが仙台で開幕戦を行い、勝利した。

試合終了後に行われた楽天選手会長嶋基宏捕手のあいさつは見事であった。クリネックススタジアム宮城に集まった二万六一三人の大観衆が感動したのはいうまでもない。あいさつの後半部分がいい。

『震災後、選手みんなで「自分たちに何ができるか?」「自分たちは何をすべきか?」を議論して、考え抜き、東北の地に戻れる日を待ち続けました。そして開幕五日前、選手みんなで初めて仙台に戻ってきました。変わり果てたこの東北の地を「目」と「心」にしっかりと刻み「遅れて申し訳ない」という気持ちで避難所を訪問したところ、みなさんから「おかえりなさい」「私たちたちも負けないから頑張ってね」と声をかけていただき、涙を流しました。

その時に何のために僕たちは闘うのか、ハッキリしました。この一ヵ月間で分かったことがあります。

それは、「誰かのために闘う人間は強い」ということです。

東北のみなさん、絶対に乗り越えましょう。今、この時を。絶対に勝ち抜きましょう、この時を。今、この時を乗り越えた向こう側には強くなった自分と明るい未来が待っているはずです。絶対に見せましょう、東北の底力を。本日はありがとうございました』

いやがうえにも、がんばれ東北、という気分になってくる。

半導体大手ルネサステクノロジの中核拠点、那珂工場（茨城県ひたちなか市）の復旧ドラマも凄い。震度7の直撃を受けた那珂工場は、致命的ともいえる被害を受けた。自動車エンジンなどを制御するマイコンの世界シェアは実に約四割といわれ、その操業停止の影響ははかりしれない。大株主の日立製作所、三菱電機、NECはじめ、主要顧客である、トヨタ自動車やホンダなど自動車メーカーの作業員が復旧支援にかけつけた。最大時には二五〇〇人にのぼったという。

「見せろルネサス底力！　心はひとつ六月再開～世界のお客様が待っている～」。工場にはこんな横断幕が掲げられた。

日本経済の文字通りのルネサンス、再生復活の象徴として復旧に取り組む現場の匠たちにエールを送りたい。

三月から四月にかけては卒業式、入学式の季節。その中には親を失った子どもがいるしわが子の遺影を抱いて式にのぞむ母親の姿もあった。悲しくてテレビの画面を正視できない。

生徒に授与する卒業証書を瓦礫から見つけて、一枚一枚、汚れをふき取る先生がいた。その一方、避難所生活をしながら、やがてクラスの仲間とも別れていく小学生。だが笑顔で「いつかまた会える」というひとことに、「そうだそうだ、また会えるよ」と声をかけたくなった。

私には、福島第一原発事故に伴う避難の問題は、戦時下の国家の命令による強制疎開と重なる。

一九四四年夏、空襲時の避難に備えて、あちこちで強制的に住居が壊された。そして子どもたちは、集団疎開、縁故疎開、地元残留という三つの方向に引き裂かれた。小学六年生の私は、宮城県鳴子の学校ぐるみの疎開に参加したが、小学三年と一年の弟は、埼玉県浦和の祖父母に預けられ、東京には中学生の兄と二歳の妹、それに母が残った。

明けて四五年三月九日、六年生は中学（旧制）、女学校受験のため東京を目指した。漆黒の闇の中、汽車は常磐線平駅で止まり、動かなくなった。東京の方向は真っ赤である。誰かが叫んだ。

「東京が空襲で燃えている！」

三月一〇日未明、大編隊を組んで襲来した米二九爆撃機の焼夷弾攻撃によって東京の下町は火焔に包まれ、実に一〇万人が焼死したのだ。私たち六年生は、焼死体が高く積まれた中を、くちびるかんで、北千住駅から母校のある小石川林町まで歩いて帰った。

卒業証書は印刷所とともに灰になってしまった。ばかりか卒業式も行なっていない。

戦後、ずっと一〇数人のクラス会を開いてきたが、五〇歳になった時私は「おたがいに仲間の消息をつかみ一〇年後には還暦の卒業式を実現させないか」と提案した。

一九九三年三月二五日、三三回生の私たちは、八一回生のかわいい後輩たちと一緒に「卒業式」にのぞんだ。男子一七人、女子一五人、合わせて三二人が参加した。F君は、孫娘が八一回生で、その朝一緒に登校している。京都市に住むO君は夫人と長女を同伴された。父母席に参列したO夫人は「主人と感動を共有したくて」と言って私を泣かせた。

疎開で別れ別れになる前、六年生は男女合わせて七五人を数えたが、四〇数年の歳月を経て三二人も集まったのはまずまず、というべきか。

今回、被災によって卒業式が開かれなかったケースがあるけれど、携帯のメールで連絡を取り合う様子をテレビで観ていて、「やがて社会人になった彼らは、再生・復興したふるさとの小学校で卒業式を開いている」姿を想像した。

彼らが還暦を迎えるころ、もちろん私はこの世にいない。だが生来、楽観的な当方はこう考える。
一、地球温暖化問題解消へ。
原子力発電はつなぎの役割を終えて、太陽光、風力といった再生可能エネルギーの時代が半世紀後には実用化され、原子エネルギーにとってかわっているだろう。
二、人を大切にする国づくり。
東北は、人材を輩出した。開国に先駆した蘭学者の高野長英。内相兼帝都復興院総裁として関東大震災後の、東京復興を成功させた後藤新平。農業の灌漑などに貢献する一方、英文で『武士道』を著し、世界の有識者に日本人の魂を知らしめた新渡戸稲造。細菌学の世界的権威で、黄熱病の研究中に自らも侵された野口英世。文学者では宮沢賢治、石川啄木、斉藤茂吉など。それぞれに共通しているのは、逆境に挫けなかったことだろう。

私は、空前絶後の被災にあった東北の子どもたちの間から新しい日本を創るリーダーが生まれる、と確信する。

三、終わり、そして始まる

広報の先達、猪狩誠也さん編著の『日本の広報・ＰＲ一〇〇年　満鉄からＣＳＲまで』が、二〇一一年三月、同友館から発刊された。

第一部の「現代広報の先達」でふれたように、二〇〇六年、日本広報学会の有志二〇数人が集い、「広報史」の研究を始めた。私は、そのメンバーのひとりだが一年後、吉田秀雄記念事業財団の研究助成を受け、「日本の広報・ＰＲ史の研究」と名付けた分厚い報告書を世に出している。

今回の著作は、メンバーのうち猪狩誠也、小川真理生、北野邦彦、剣持隆、濱田逸郎、森戸規雄の六氏が報告書を土台にしながら、あらためて企業、政治・行政、ＰＲ業界、広告業界、あるいは国際広報、社内広報、社会貢献活動等々を分担執筆。最終的には猪狩さんがまとめたという。

広報担当者ならぜひ一冊、手元においてほしい。

私は、猪狩さんに「まさしく入魂の著作」と手紙に書いた。だが、ついつい筆が滑ってしまう。「早急に改訂版を出し、序章に『東日本大震災と広報』という一項目を書き込むべきではないでしょうか」

手紙をポストに入れた翌日、日本広報学会から「東日本大震災への本学会の対応について」という表題のメールが入った。

内容は二つ。①清水正孝会長（東京電力社長）は震災対応のため学会活動に時間を割くことができない。よって上野征洋副会長が会長代行に就任。②震災に関連する緊急研究プロジェクトを募集するので応募してほしい。

三月下旬から四月初めにかけて、学会は修羅場だったようだ。

私自身、学会員である。馳せ参ずるべきかもしれない。だが、学会は大きく若返っている。いまこそ日本再興を担う三〇代、四〇代のミドルが燃えるような問題意識と新しい価値観について語り合うべきだろう。

さて、当方は「やじうま広報塾」である。同志諸君は、広報担当者として今回の大震災に、どのように関わり、対応されたか。これから一〇年、あるいは二〇年、臥薪嘗胆の歳月かもしれない。「へこたれるな。前を向いて、新しい国土づくりに参画してほしい」とねがう。

私は、東日本大震災が発生した翌日、東京電力のトップと広報の顔が見えてこないことに慄然としていた。

それこそ生死の境を越えて奮闘する福島第一原子力発電所の作業員たち。東電の幹部も不眠不休で原子力という怪物と戦っているに違いない。だが、清水正孝社長は、計画停電を発表する際に一度だけ顔を見せたものの、かなり時間を経過して「病気入院」と伝えられた。

緊急事態発生時に広報はどうあるべきか。みなさん方は先刻ご存じ。「嘘をつかない・逃げない・隠さない」。危機管理マニュアルはしっかと身についているはずだ。

社長は、マスメディアの集中砲火を浴びるだろう。その場合、社長を補佐する広報部長の器量が試される。トップも広報リーダーも「人間力」があるか。すべては、そこから始まる。

清水東電社長は病気回復後、佐藤雄平福島県知事を訪ねたが門前払い、名刺をおいて帰ったという。なぜ、真っ先に避難所の住民に会いに行かなかったのだろう。

私ごとながら、清水さんには拙著『修羅場をくぐった広報マン』を進呈。広報学会会長としての前途にエールを贈っているだけに残念でならない。

大震災発生から一カ月が経過した四月一二日発行の産経新聞に「危機管理　トップを試す」という大見出しの特集記事が掲載された。

「東日本大震災は、企業活動に深刻なダメージを与えると同時に、各社の危機管理能力が厳しく試された。決定的に重要な初動では、経営トップらが単なる一企業の危機ではなく、「国難」と位置付け、二四時間態勢で情報収集や陣頭指揮にあたった」

その記事によれば、福島第一原子力発電所にかかわる東芝の佐々木則夫社長と日立製作所の中西宏明社長は、ともに地震発生直後に対策本部の設置を指示。現地に二五〇人～三五〇人の社員を送り込んだ。また、コンビニの大手、ローソンの新浪剛史社長は、地震発生五分後に対策本部を立ち上げている。

四月から「いい話」のスクラップノートをつくった。いくつかを拾うと……

個人の義捐金では、楽天の三木谷浩史会長兼社長が一〇億円以上を寄付する、というので驚いたが、すぐにソフトバンクの孫正義社長はなんと個人で一〇〇億円。また二〇一一年度以降、社長を引退するまで役員報酬（二〇〇九年度は約一億一〇〇万円）を全額寄付する。

宅配便大手のヤマトホールディングスは復興支援のため、国内で扱う宅配便一個につき一〇円を寄付すると発表した。二〇一〇年度の実績から計算すると、一年で一三〇億円の寄付になる。被災地の現地視察後に記者会見した木川真社長は「地元密着でやってきたことの恩返し。民間企業として最大限のことをしたい」と話した。

化粧品の資生堂は、美容部員やＯＧが「ビューティボランティア」として、避難所や仮設住宅に身を寄せる約二万七〇〇〇人に顔や手のマッサージ、化粧を施した。富士写真フィルムは、瓦礫の中から見つかった写真をきれいに復元する仕事を買って出た。ファミリーレストランのすかいらーくは炊き出しだ。

帝人は、在宅酸素療法の患者約二万五〇〇〇人の「安全と安心」を守る支援活動を続けた。生活用品のアイリスオーヤマ（仙台市）は、被災した来春卒業予定の高校生三〇人を特別枠で採用する。関東で九八店を展開するスーパーのサミットは、茨城県産の野菜を販売する「応援セール」を始めた。

被災地の子どもたちに向けて、韓国・済州島の小中学校の子どもたちが約一万三〇〇〇通の手紙を書いた。香港の旅行社「今こそ日本へ」格安ツアーで恩返し、という。

新聞から切り抜いた「いい話」はたくさんある。

経営共創基盤CEO、富山和彦さんが朝日新聞編集委員・刀祢館正明記者のインタビューに答えた発言の一部を引用したい。

「私も当事者になりました。福島、茨城、岩手の三つの地方バス会社がうちの子会社です。従業員二一〇〇人、バス一二〇〇台。自ら被災しながら現地はすぐに運行を再開し、原発周辺からの多数の住民退避や、医療チームの搬送にも対応しました。

でも燃料が足りない。私は官邸や各省庁、知り合いの政治家に訴えて回った。なのになかなか動かない。

修羅場の中で、政官財の誰が役に立ち、誰が役に立たなかったか、逃げたか。記者のみなさんは見ていますね？　国民はそれを知りたい。あとで総括して報道してほしい。

これからの日本再興で一番大切なことは、すべての政策やプランを「子どもたちにプラスかマイナスか」で判断することです。

だから町づくりも、さらには国づくりも三〇代までの若い世代に任せたい。五〇年後も生きているだろう彼らが、未来を決めるべきです」

富山さんはさらに続ける。

「現場は立派です。うちの連中のやる気と献身には涙が出ました。

日本の強みは、我慢し自己犠牲をいとわない、一般の人々です。そして現場の力。自衛隊も消防も立派です。役所も課長以下や自治体の現場がよくやっている。

会社も国も、破滅的な事態が起きると、隠れていたいろいろな問題がいっぺんに出てくる。これはある意味、チャンスです。日本の未来へのテコにしたい。勝負はこれからです」

富山さんは五年前、あなたの会社の未来のために「再生の修羅場からの提言」という、衝撃的な一冊『会社は頭から腐る』（ダイヤモンド社）を書いた人物だ。あらためて、今回の発言に注目したい。

「東日本大震災」が発生してから、識者といわれる人の文章を精力的に読んできた。

結局、こう思う。「終わり、そして始まる」「歴史の学問は、未来につながっている」

四、再帰的近代化って何？

『福島原発事故からの広報倫理とプロフェッショナリズム再興に向けて――社会的批判・疑念に応える試論――』なる大論文と格闘した。

日本広報学会の『広報研究』第一六号（二〇一二年三月）に掲載された和田仁東京国際大学教授の論考である。四〇〇字詰め原稿用紙換算でざっと五〇枚。ほかに注、文献、付表など。読みながら要点をパソコンに打ち込んでいく。分量としては半分ぐらいになった。

和田論文は「むすび」として次のように締めくくっている。

「日本の原子力政策を支える制度全般にわたって、社会的論議が必要になった今こそ、広報の専門性を発揮する社会的コミュニケーションの重要な領域が拡がっている。その基本的視点として、世界に対するコスモポリタニズムの視点、〝近代ＰＲ理論〟を再構成する「再帰的近代化」の視点、倫理とプロフェッショナリズムの再検証などが必要となるだろう」

率直にいって、「むすび」にしては難解である。「再帰的近代化」という言葉がわかりにくいのだ。英語やドイツ語には、主語と目的語が同じものになる「再帰動詞」なるものがあるそうだが、まず、「再帰的近代化」とは何を意味するのか。広報担当者として、どのように考え、行動したらよいか。

恥ずかしながら、「再帰」という熟語を使った経験がない。手元の広辞苑をひくと、「再帰動詞」ある動作の作用が動作者自身に返って来るようなはたらきをする動詞。

難しいねえ。匙を投げた当方、孔子さまの『論語』を引っ張り出した。

「学びて思わざればすなわちくらく、思いて学ばざればすなわちあやうし」

自分なりの広報近代化〜コミュニケーション能力の強化に向け「思う」「考える」、そしてそれを具体的に「発展」させる。

たまたま息子が来ていた。

「再帰的近代化という言葉、聞いたことあるかい？」

「ないねえ」と言いながら、携帯をちゃかちゃかやっている。

「あるある。ずいぶんくわしいぜ」

さすがＩＴ時代である。わがノートパソコンでプリントアウトしたら、語句説明だけでＡ４用紙一〇枚を超えた。

息子が帰った翌日、わが広報塾の何人かに同じような設問のメールをすると、やはり息子と同じような答え。「再帰的近代化という言葉は広報最前線のビジネスマンにも、まだ浸透していない」ことを確信した。

その中から、二人の考察をご紹介したい。

協和発酵キリンの吉峯洋之さんは言う。

「社会の制度や自分自身というものを、ただそこにあるというものとして自然に認識するんじゃなくて、それらに関する情報をモニターして「なんでそうなんですか？」と疑問に持つことで社会の制度や自分自身を改変していく。その情報をモニターするということを「反省」ないし「省察」と言うようです」

もう一人、ベネッセの三田村有さんはこんなメールをくれた。

「「再帰的」は、「めぐりめぐって自分自身に影響が帰って来る」ということのようですね。「再帰的近代化」は、「自分自身のあり方を見つめ直さざるをえない段階に至った近代化」とでも訳せましょうか。（「再帰動詞」は、「私は私自身を〇〇する」といった使われ方をする動詞）

従来の「近代化」は、自分自身の存在は変わらぬものとして、自然や、伝統的なものを改変していくプロセスであった。

現在は、近代化が行きつくところまで行きつき、自然破壊や、諸々の社会問題の発生により、「近代化」を進める自分自身のあり方を、考え直さざるをえない状況に至っているということかと思います。「広報」に照らして言えば、従来の広報は、自企業の存在は自明のものとして、その主張を社会に伝えて行けばよかった（と思われていた）。

社会と企業のあり方の変化を受けて、これからは、社会から自分自身がどのように見られているのかということを常に踏まえながら、広報活動を行っていく必要がある……ということになるのでしょうか」

吉峯さん、三田村さん、ありがとう。

みなさんの知恵を借りながら、私は、和田論文を読み続けた。

和田教授は、広報・ＰＲの実務的問題について、科学ジャーナリストの意見を引用しながら「記者会見とクライシス・マネージメント」にふれる。

「広報の専門家はいったい何をしていたのか」「いま消失の危機にあるのは、報道の自由などではなく、報道の存在そのものだ」

朝日新聞の夕刊に、二〇一一年一〇月から約一年にわたって『原発メディア』と題するコラムが連載された。

その三七回「平和利用」への道37はこんな書き出しだ。

「一九六一（昭和三六年）六月、茨城県東海村で日本初の商業用原子炉となる東海発電所の起工式が行われた。それまで原子力の研究、開発は慎重に進めるべきだ、と主張してきた朝日新聞は、この前後から、より積極的、楽観的な論調に変わっていった」

それから、実に半世紀。連載一一三回の「安全神話の崩壊」⑦は、メディアの変質にふれる。

『原発ゼロ社会』を将来目標に定めるよう提言したい」。戦後、原発容認を続けてきた朝日新聞は、二〇一一年七月一三日付一面で社論を「原発ゼロ」へと転換した」

はたして「原発ゼロ」で日本は大丈夫なのか。大衆に迎合して情緒的になってはいけないぞ、と、わが身に言い聞かせる。

太陽光、風力など再生可能エネルギーだけで日本の電力をまかなうとしたら、相当な時間と資金を要するにに違いない。とすれば、頼りにするのは火力発電だ。ただし、少なくとも年間三兆円相当の化石燃料（石油、ガス）を余分に輸入しなければならない。産油国に足もとを見られて石油は高騰する。電力料金は値上げせざるをえない。国富損失という意味で「原発ゼロ」の影響ははかりしれない。

福島原発の事故発生以後、どういうわけか「地球温暖化」の問題意識が薄れた。

二〇一二年夏、九州を襲った記録破りの豪雨は、温暖化によって北極やヒマラヤの氷河が溶け続けていることと無縁ではあるまい。豪雨も多数の犠牲者を出した。原発を問題にするなら、温暖化の恐怖にもふれるべきだろう。

エネルギー選択ついて、阿川尚之慶應義塾大学教授の所論に共鳴した。

「北東アジアでは、これから飛躍的に原発が増える。その一つでもし大規模な事故が起こったら、風下の日本は深刻な被害を受ける。国内の原発をゼロにしても安全は保障されない。日本の優れた原発技術や管理ノウハウ、事故の経験を世界に提供することが日本の使命であり、安全への貢献となる」「原発を稼働し続け、技術を温存せねばならない」〈二〇一一年八月二一日、産経新聞収載〉

「和田論文」にまつまでもなく、福島原発事故によって、これまでの「原子力エネルギー広報」は終焉を告げた。どのように再帰させ近代化するか。

政府、国会、民間の福島原発事故調査によると、三者とも「人災」という解釈で一致している。早い話、東日本大震災が発生した時、東京電力の代表権を持つ会長と社長は東京にいなかった。信じられない。

広報の大義は、人間の資質に関わる問題である。そして「やじうま広報塾」の塾是である「嘘をつかない・逃げない・隠さない」を守ること。再帰的近代化とはそういうことだろう。

目からウロコが落ちる名著に出会った。

『精神論ぬきの電力入門』（澤昭裕著、新潮新書）

「人的な力は、無機的な制度改革においては無視されがちです。安定供給を支える現場力こそ電力会社に残された数少ない財産であり、これが失われることのないよう、制度改革や政策を検討してもらいたいものです」

五、あのワイド特集から四五年

企業の広報部門にとって最重要の職務は、危機管理、横文字で書けばクライシス・マネジメントであろう。社長の片腕的な存在、といってもいい。

広報リーダーはトップに直言できるか。

ところが、どういうわけか、なかなか経営ボードに入れない。不思議だなあ、おかしいなあ。ぼやきながら、テレビのスイッチを入れたら、人気漫談家の綾小路きみまろが会場を沸かせていた。

「あれから四〇年」

老人としては「カミさんが強くなった」と自虐的に笑いながら、では広報は？　と自問する。笑っていられない。

わがふるさと『夕刊フジ』は一九六九年二月二五日に産声をあげた。きみまろ風に言えば、あれから四五年。私は創刊メンバーのひとりである。

タブロイド版の新聞は、評価をいただいて一年が過ぎた一九七〇年一二月二八日発行の紙面、見開き二ページの「ＷＩＤＥ'70」をフルに使って「広報課も〝激動〟しました」という表題の記事を書いた。それは、記者としてははじめて「企業広報」を俎上にあげたもので、「やじうま広報塾」旗揚げにもつながる、私にとっては記念碑的な一文である。

「激動の七〇年は、多くの企業にとって〝受難の年〟であった。公害、不正事件、消費者運動、資本自由化という名の開放経済体制。そして、企業をゆさぶる何かが起きたとき、きりきり舞いするのは広報課だった。企業の、社会にひらく〝窓口〟であり、トップの目、耳となるべき部署だからだ。広報戦略のひとつひとつが、会社のイメージにつながるといわれる時代。では、ことし一番忙しかった広報課の実態と反省は……」

この「まえがき」は、ちょっと手をいれるだけで、いまでも通用する。本文はこんな内容だ。

◇不正事件の「富士銀行」

続発した銀行犯罪のなかでのトップ、富士銀行雷門支店の「二九億円不正融資事件」。事件が明るみに出たのは八月一九日。ワッと押しかけたマスコミは、広報報を素通りして総務部長のところへ。端的にいえば、この銀行の広報は窓口の機能を備えていない欠陥組織だったことを示した。広報担当者は言う。「事件が大きすぎて、われわれ広報マンの手におえないこともありましたが、われわれ自身が情報不足でなにも言えない。情けなかった。うちの広報は日常業務的で、トップの意思を伝える機能を持っていなかったんです。頭取はじめ幹部はなぜもっとはっきり発言してくれなかったか。広報としてはそばについて、いろいろアドバイスしたかったけれど、それはできない雰囲気でした」

広報体制への反省から、同銀行にはじめて広報担当役員ができた。石川留巳之広報担当常務は「今度の事件のように、防衛的なことばかりではなく、銀行のありのままの姿を積極的にPRしていきたい」と、いま本質論を語っている（富士銀行は、その後の金融再編で第一勧銀、興銀と合併、みずほ銀行になった）。

◇ヘドロの「大昭和製紙」

ヘドロ公害で名の知れわたった静岡の大昭和製紙。関口博課長以下六人の広報スタッフは、マスコミの攻勢にネをあげた。毎日毎日、弁明これつとめる、というあけくれだった。関口課長は「広報活動は、クロをシロといいかえることではない。外部はこう見ているんだという声をトップに伝え、経営姿勢そのものを変革させることもありうると思います。でも、なんといっても広報マンは、企業内の人間ですからねえ」

このへんの矛盾、一番悩むところ。そして「われわれの言い分にはまったくと言っていいほど耳をかしてもらえなかった。いろいろと手をつくしたんですがねえ」と愚痴が出る。

この一一月から、社長室広報課が総務部広報課となり、浅井鋭次専務の直属になった。

「これからは企業のありのままを見てもらう一方、社会の人たちに基本的な企業のあり方を考えていただくような活動をしたいと思います」と反省するが、それと同時に「一般の人ももう少し、自然科学の勉強をしてほしいですよ」という言葉もいまだに出る。いぜんとして矛盾はつづく？

◇消費者攻勢の「松下電器」

米国市場では安く売っているのに、日本で高いのはなぜ？　この素朴な疑問を背景に、消費者はメーカー非難の声をあげた。カラーテレビがそれ。原価公表の要求から不買同盟の結成まで、まだ攻勢の手は緩みそうにないが、一〇月に入ると松下電器に消費者の非難が集中するようになった。〝経営の神様〟松下幸之助氏（現会長）を擁し、企業経営の手本といわれた、あの松下電器が……。

「儲け過ぎの反動」「同業者の中傷」「誤解」など、松下に火の粉が集まった理由は、いろいろ取り沙汰されているが、尾崎和三郎報道部長はぐっと低姿勢に「事実関係をあれこれいう前に、結局、わたしたちの説明が足りなかったんです」という。そして時代の流れが変わっていたことを読み取れなかったと反省しきりだ。

宣伝、ＰＲのうまさにかけては、これまで同社は定評があった。それだけに「松下の広報活動にどんな変化が起きるか」と他社でも注目している。

尾崎部長は「これからは、わたしたちの考えを伝えるだけでなく、みなさんの声をトップに伝えることに力を注ぎます。また、本社は大阪ですが、これからの広報体制は東京にウェートを置くようになるでしょうね」と新戦略を練っている。

◇提携ゆらいだ「いすゞ」

六八年から翌年にかけて、富士重工業、三菱重工業の二社と提携し、二度ともその実が上がらないまま解消したいすゞ自動車。七〇年も三月末には日産との提携契約書に調印、日産陣営に加わったのもつかの間、一一月一日には世界最大の自動車メーカー、GMとの提携を発表した。まさに〝提携にゆらぐいすゞ〟であった。

いすゞが従来の企画本部広報室と小型車販売本部宣伝部を合わせて広報室とし、その下に広報課と宣伝課を設けたのは七〇年六月。富士、三菱との問題で常に受け身の広報姿勢をとってきたことへの反省からだという。また、この広報組織の改組は積極姿勢への転進であると同時に、社内言論統制の強化でもあるらしい。

生まれ変わった広報部の基本的な考え方は「いすゞはGMに乗っ取られるのではないか」という世論の懸念に対し「GMの資本比率が問題なのではなく、経営の自主性がカギだ」という会社の意志を徹底させること。それを推進した。この姿勢は一一月一日の提携の合意の発表、交渉のため渡米する岡本利雄副社長の出発前後の記者会見に示され、「いすゞはオープンでよい」と一般的に好評だった。

しかし、交渉ともなると、相手のあること。これからはいちいち発表できなくなる「ぼくらもサラリーマン。重要な問題は、企業の立場をふまえてノー・コメントでしょうね。いや、言えないときが広報マンの一番つらいときです」と松本達也広報部長。

◇あなたの会社は？

このほか手形詐欺事件を起こし〝会社ぐるみ犯罪とか〟モーレツ会社社員の悲劇〟と言われた大日本インキ。あるいは公害のチッソ、昭和電工。欠陥車で告訴された日産自動車、本田技研など、いずれもイメージダウン組だが、さて、あなたの会社に問題が起きた」とき、どう処理するか。PR実務の研究家である沢田久男氏にしめくくってもらおう。

「企業だから有利な点をPRし不利な点をかくそうという心情はわかりますが、これまではあまりにも企業側の一方的なPRで真実性に乏しかった。むろん、企業の姿勢を正しく説明する一方、大衆の声を聞いてトップに伝えるツーウエイ・コミュニケーションが広報課の役割ですが、悪いことは悪いと素直に認める態度が、広報の第一条件と思いますね」

◇

「危機管理」をテーマにした二〇一四年秋の合宿は、参加各位の発言に心が揺さぶられた。

やじうまメンバー企業との出会いのひとこまひとこまが甦ってくる。二〇一五年は創塾二〇年の記念合宿だ。同志のみなさんと大いに語り合いたい。

六、マスコミと広報

何年か前、「かいしゃは進化したか」という表題のコラムを書いた。結論は「ノー」。当然のことながら、「企業広報も進化していない」と言わざるを得ない、残念である。現役の経済記者は言う。

「企業のトップにインタビューする場合、ほとんどの広報は、質問書の提出を求めてきます」

いまどきの経営者は、前もって質問書を手にしないと答えられないのか。有能な広報マンならば、質問書がなくても「この記者ならこういう質問が」と、きちっとした対応ができるはずだ。メディアも唯々諾々と広報の要請を受け入れていることに、老記者は驚いてしまう。

私は、創刊から二ヵ月ほどが過ぎた一九六九年五月の夕刊フジに、「広報課を採点する」という記事を書いた。その一部をご紹介しよう。かなり反響があったのだ。

「取材する新聞記者の立場から勝手なことを言わしていただければ、トップが広報に理解を持っている会社、別の言い方をすれば、トップに会いやすい会社は広報もしっかりしている。ところが現実は「マスコミの取材をチェックするのが広報」と思っている会社が、あまりにも多い。なかには「うちの社長はお忙しいので当分、お会いできません」（A自動車）だの、「社長に会見を申し込まれるなら、前もって質問書を提出してください」（B建設）とくる。それが株式を公開している会社の言うことか。C鉄鋼会社なんぞは、広報課が新設されたら、新聞記者の評判はガタ落ちになった。なんのために広報課を作ったのだろう。」

評価の高い広報課は？

「日本一はトヨタであろう」とはっきり書いた。「党内野党であれ」を貫く姿勢はいまも続いている。

それからほぼ半世紀。企業広報はどうか。オリンパス、大王製紙など内部告発による不祥事の続発。福島原子力発電所爆発事故に対する初期対応の拙さ。広報は進化したとは到底言えない。

かつて私たち企業担当の記者は「現場」に直行した。たとえば電気冷蔵庫課長席の隣に椅子を持ってきて冷蔵庫商戦の実態を取材する。

かと思えば、総務課（広報課はまだ生まれていない）の若い女性と、こんな会話をする。

「何か宿題はありませんか」

「うれしいねえ。せっかくだから、電動モートルの受注状況を調べてくれないか。それ景気指標になるんだ」

秘書室には、会長、社長以下、主だった役員の在席かどうかを示すランプがある。

「社長は在席しているねえ。会っていこうかな」

ときには秘書のほうから「社長に会っていきませんか」と言われたこともある。

トップと記者の距離は近かった。

記者も広報担当者もマンツーマンが基本であり、顔を合わせてこそ信頼関係が生まれる。

しかしいま、会社のガードは固い。セキュリティの問題もあって、一概に批判はできないが、せめて会社の窓口である広報セクションは、訪問者を受け入れる雰囲気を持ってほしい。

「トップインタビューを申し込まれた場合、質問書の提出を求める」という事実を考えたい。

企業側にしてみれば、正確を期す、ということだろう。

一方、メディアとしては、取材の意図によって質問の内容が変わる。後継人事やM＆Aなどのトップシークレットは、あの手この手で聞き出すわけだから、あたりさわりのない質問書しか出せない。

この際、質問状がどうのという前に、インタビューについて基本的なことにふれたい。あなたも、いずれは社長のスピーチライターとしてインタビューすることがあるのだ。

私は、自らに問う。ひとの話を上手に聞けるか。相手が伝えたいと思っていることをキチンと聞けるか。そして、自分が聞きたいことを聞き出せるか。

人と人との間で必要な情報を間違いなく伝え合う、パーソナル・コミュニケーションがあって、はじめてマス・コミュニケーション（いわゆるマスコミ）が成り立つ。

よりよきコミュニケーションのために、メディア側から考えたインタビューの作法にふれよう。

［インタビューの基本］
一、何を書きたいか。視点・問題意識はあるか。
二、あらかじめ取材対象を調べる。質問項目は、少なくても三〇以上は用意する。
そのインタビューがプロフィル取材に関することならば、父親の職業、母の思い出、現場体験、会社は誰のものか、経営哲学、読書、好きな言葉、趣味、よく観るテレビ番組、食べ物、お酒などなど。そして「感動したこと」を具体的に突っ込んで聞き出す。
三、「聞き上手」になる。
相手に信頼してもらう、気持ちよくしゃべってもらうために、「へえ！」「ほう！」といった感嘆詞がつくような合いの手を忘れない。相手を乗せ核心に迫る。

「相手の目を見つめて聞く」「上手な相槌を打つ」「準備」。この三つがインタビューの三大原則と言っていい。

四、オフレコかどうか念を押す。

五、この次に会ったとき、笑顔で会話できるか。

六、テープを録っている場合、終了してテレコのスイッチを切ってからが、記者としての勝負だ。相手はほっとして気が緩み、こちらが期待する話がポロリと出てくるときがある。

思いつくままに並べたが、インタビューは結局、自分自身の反映にほかならない。

つり鐘の音色は、つき手によって異なる。だから、普段から人の話を聞く。本を読む。時代感覚・センスを磨く。作文だけ上手になってもダメ、ということだ。

社内外のコミュニケーションに対応する広報担当者ならば、インタビュー作法と同時に、ニュース感覚も身につけたい。

ニュースとは何か。トロッコ記者時代にメモしたものをお見せしよう。

ニュースとは、ニュー・シングス（New　things）の略。新しい事実のこと。

ニュースとは、北（North　ノース）、東（East　イースト）、西（West　ウエスト）、南（South　サウス）ということ。

ニュースとは、最大多数の最大関心事である。

ニュースとは、季節感を下敷きにした人間歳時記である。

ニュースとは、人間的興味、平たく言えば人の噂話だ。

そしてニュース記事は、足で調べて頭で書く。

存じ上げのPR会社に務める二人の女性が、新しく設けられた「PRプランナー」資格試験に挑戦。第三次のリリース作成の実技と面接を経て、見事に合格した。感想を求めると「第二次の時事問題が難しかった―という。

広報ＰＲを志した人たちに求められるもの、それは本書のプロローグでふれたように誠実さ（人間性）と反応の早さ（問題意識、センス）であろう。要するにマスコミと〝対話〟できるかどうかだ。二〇世紀の終わりに経営コンサルタントの柴田昌治さんが書いた『なんとか会社を変えてやろう』（日本経済新聞社刊）の次のフレーズをなぜか思い出した。

「風土改革を成功させる鍵は、トップの求心力と参謀役を果たす世話人の場づくりの連係プレイにある」

七、感動させられるか

大激浪の時代をどう乗り切るか。「いまこそ広報の出番」と自覚しよう。

社長就任を前にした副社長のKさんに会った。名門といわれる大企業の舵取りをまかされたが、素朴な人柄だ。

「これまで、メディアに対応した経験がありません。コーチしてください」

私は、生意気盛りの三〇歳のころ、親しくしていたA紙、N紙の記者とF社の新社長を囲む「勉強会」を持ったことがある。「わが社としては初めての技術出身。経済にうといのでよろしく」（広報部長）というわけだ。そんなエピソードも折り込みながら、これまでにインタビューした数々の経営者、たとえば、経団連会長だった土光敏夫さんを事例にあげ、次のような話をした。

「造船汚職が騒がれたころ、土光さんは石川島造船所の社長。検事が自宅を訪ねると、奥さんいわく〝主人は、その辺のバスの停留所でバスを待っているかもしれません〟。それを聞いた検事は、〝嫌疑をかけるような人ではないな〟と直感した。土光さんの某日の食卓は、めざしと漬物、味噌汁だった。

記者は、読者を感動させる記事を書きたい、ということも、わかってほしい」

ふと、『カンカラコモデケア』を思い出した。私の文章講座を受講された方なら先刻ご存知のフレーズだ。読ませるコラムの諸条件の頭文字の発音を並べたもの。風聞によれば毎日新聞の名文記者、故山崎宗次氏の発想といわれる。

「取材する側がカンカラならば、それに応じる側もカンカラでいきたいですね」

Kさんは、メモを取り始めた。

〔カン〕感動を呼べるか。

社長さん。あなたは社員にロマンを語り、感動させて、安心させる自信がありますか。なければ社長はやめなさい。そういう視点の『トップ訪問』を月刊雑誌に五年間連載したことがある。

航空会社のF社長は、これといった「感動のエピソード」がなくて「その質問の答えは宿題にしてください」という。

驚いたのは、数日後の日曜日に同社長から電話がかかってきたこと。「宿題を出さないと落ち着きません」。その内容もさりながら、Fさんの茶目っ気に感じ入ったものだ。

社長として、どんな話をすればメディアは反応するか。はたまたメディアを通じて社員は感動してくれるか。スピーチライターとしての広報の役割りは大きい。

〔カラ〕カラフルな文章。

三〇数年前、文章技術の本を読んでいて「文章の極意三か条」に出会った。

一、短く書け、すれば人は好んで読む。

二、わかりやすく書け。すれば人は理解する。

三、絵で描くように書け。すれば人は記憶する。

私は、パソコンの液晶画面に原稿を入力している。絵を描いているようなものだ。

センテンスが長い、改行が少ない、同じ言葉が出てくる、文末に変化が無い。が、しかし、そして、また、この、その、を安易に多用する。そのような文章は画面を見ただけで「汚いなあ」と思う。

声を出して読めば、巧拙がはっきりする。カラフルな文章にはリズムがある。

喋るのが苦手な筆者が言うのもなんだけれど、メディアの取材を受ける経営者の立場から、「書く」を「話す」に置き換えてみる。短く話せ。わかりやすく話せ。絵で描くように話せ。記者は理解し、記憶するだろう。

〔コ〕今日性が必要だ。

いつの世も人間の尊厳が第一だ。そこから今日的な問題―地球環境保護、食糧自給率の向上、教育・医療・介護の充実などを考える。緊急を要するのは、やはり雇用。職を失い、人生の瀬戸際に追い込まれた人たちに救いの手を差しのべることだろう。

わが塾の講師に人気の経済学者、東京大学経済学部教授の岩井克人先生をお招きしたことがある。私は、それまでに読んでいた『会社はこれからどうなるのか』『会社はだれのものか』のほか、新たに『資本主義から市民主義へ』『資本主義を語る』『二十一世紀の資本主義論』に挑戦した。資本主義はどうなるのか。はたまた現下の会社はどうあるべきか。岩井経済学の真髄をしっかり聴きたい。

本を読む。人の話を聞く。そこから時代感覚が育まれていくのだ。

〔モ〕物語はあるか。

会社の広報を通じて頂戴したKさんの経歴やプロフィルは、味もそっけもない。

「人間を書きたい記者は、両親のこと、少年期のこと、家族のことなど、懸命になって、いろいろ聞き出すでしょう。読者を感動させる物語が欲しいのです」

社長インタビューのファイルから、家族について語った二つの例をあげる。

まずY社のA社長。あす朝の新聞に社長就任の記事が出るという夜、Aさんは社会人になっている息子と高校二年生の娘に手紙を書いた。

「これから公私の区別が難しくなる。家族にも迷惑をかけると思うが、父親が社長だということは意識しないこと。出世しろ、いい学校に入れとは言わない。人に迷惑をかけず、好かれる人になってくれれば、それでいい」

父の情愛に娘が応えた。

「お父さん、私のような娘をもってかわいそう」

ついでT社のE社長。「戦時下、中学四年のときですが、学校当局は突然、銃を持って警備に出ろ、という。家族に連絡することもできなかった。何日かして家に帰ると、母は泣きながら抱きついてきた。私も、おかあさん、と。

実は、生母は六歳のときに死に、このときの母は継母なんです」

〔デ〕データは的確に。

いかさま報道でテレビ会社社長の首が飛んだ。小さな失敗は隠してしまう。それが大事に至ることを肝に銘じよう。

〔ケ〕決意。

書き手の決意。魂がこもっているか。話す場合も同様である。経営コンサルタントの田坂広志さんを例会講師にお招きしたが、名著と呼ぶにふさわしい同氏の著作、『経営者は言霊を語っているか』を再読したい。

〔ア〕明るさ。

サッカーの『なでしこジャパン』『侍ジャパン』が、真っ暗闇のニッポン列島を明るくしてくれた。

八、誤報・虚報

ある呑み会に誘われた。なんと、半世紀も前、経団連記者会や日銀記者クラブで競い合った記者仲間だ。声をかけてくれたMさんがいう。

「酒を酌み交わしていたら、メンバーのひとりが〝産経がいないな〟と。するとSさんいわく、産経なら島ちゃんがいるぜ。彼を呼ぼう」

覚えていてくれてありがとう。呼んでくれてありがとう。

メンバーは読売、毎日、日経、共同、NHK。いずれも辣腕記者であり、それぞれ経済部長や、雑誌編集長、常務、副社長、系列テレビ局の会長などを務められた。やじうまの当方とは月とすっぽんだ。年齢は八〇～八三歳とあまり変わらない。

コップのビールで乾杯。すぐに日本酒に移る。ちびりちびり。会話の内容は他愛がない。

当方が不思議に思ったのは、朝日がいないこと。勝手に解釈すればどうやら現役時代の諸兄は、クラブ麻雀にくわわらない朝日記者を煙ったく思っていたのか。いや、日本一の朝日、という自意識が強いことに辟易していたのかもしれない。

しかし、どういうわけか「朝日大誤報」の話題が出てこない。なぜ？　と思い、新参の私が口火を切った。

「朝日問題をどう思われますか」　諸兄は沈黙。それまで和気藹々と盃を合せていたのに口を開かない。少し間があって毎日のSさんが声をふり絞るように言われた。

「武士の情けだよ」

私は「それもそうですね」と受け取って朝日問題を打ち切ろうとしたら、他のメンバーが次々に発言した。

「大誤報をようやく訂正しながら、謝罪が随分遅かった。それが傲岸な朝日というべきか」

「社長は潔く腹を切るべきだ」

「朝日の部数は減るだろう。読売の販売店は大攻勢をかけているようだが、そう簡単に朝日から読売、産経に移るとは思えない」

「新聞は信用を失った。もともと低落傾向にある新聞界だが、歯止めが効かなくなっている」

帰宅すると、雑誌『コミュニケーション』の九、一〇月合併号が届いていた。

元朝日新聞論説副主幹、前日本大学教授の三露久男さんが、「記者のホンネ　先生のホンネ」と題する連載コラムで『朝日新聞の「詫び状」』を書いている。次に引用したい。

「私は、朝日新聞の出身である。古巣が袋たたきにあっているのは、愉快なことではない。しかし、半面、この慰安婦問題は、朝日なら起こしかねないな、という気もする。朝日は大手新聞社のなかでは太平洋戦争での軍国主義報道を最も深く反省し、日本のアジア諸国に対する加害責任追及にも熱心なメディアだった。慰安婦報道はそうした朝日の体質のなかで生じた「勇み足」ともいえる。だからといって、国益を損なう誤報が許されるものではない」（後略）

三露さんのコラムについては、それこそ武士の情けとしてあれこれ言いたくはないが、福島原発の「吉田調書」問題にふれていないのは解せない。

東北大震災発生後、東京電力福島第一原発の吉田昌郎所長は病で倒れるまで身を賭して指揮をとり、全体の九割約六五〇人の作業員は危険を顧みずに作業を続けた。ところが朝日がスクープしたという、「吉田調書」によれば「作業員は命令を無視して逃げた」という。誤報どころか大虚報である。

朝日は八月五日付の新聞で慰安婦報道の誤りにふれ、問題の決着をはかったが、かえって多くのメディアの反撃を浴び、ついに木村伊量社長は九月一一日、「吉田調書をめぐる報道で読者の信頼を大きく傷つけた」と謝罪の記者会見を行なった。だが、いったん燃え上がった朝日叩きの炎は収まらない。

元文春編集長、花田紀凱責任編集をうたう月刊誌『WILL』の表紙をみてみよう。

一〇月号――総力大特集一二〇頁。朝日新聞の「従軍慰安婦」は史上最悪の大誤報だった！

一一月号――渾身の総力大特集　今月は一四〇頁。世紀の「二大虚報」朝日新聞はケジメをつけよ！

勝ち誇ったような右翼ジャーナリズム。右でもない、左でもない。いうなれば、やじうまの当方、文字通り右往左往だが、週刊文春一〇月九日号の「朝日新聞」問題　私の結論！　という特集のひとつの記事に注目した。風刺漫画家イラストレーター、山藤章二さんはこういう。

「私は有識者ではありません。そういう人にはなるまいと努力してきました。それには「仙人」か「馬鹿」になるしかない。「馬鹿」の方が楽そうなのでそう決めました。

なってみると、人間のことがよく見えるようになりました。

人間とは、〈マチガイと思い込みと保身〉の塊です。つまり、ドーシヨウモナイ塊になるだけ。人類が発生して何百万年たったいまでも争いごとが好きです。「朝日をめぐる乱」もそのひとつ。歴史の中ではたった一行のこと。壇ノ浦も関ヶ原も時がたてば一行。私の関心は一行のことに向いていない。そんなことより、自分の終わり方の方が重大事なのです」

わが塾の例会に講師としてお招きするならどなたがよろしいか。

主要新聞に掲載された東洋経済新報社の企業広告が目に付いた。同社は二〇一五年、創業一二〇年を迎えるが、ずばり、こういう。

「その記事に発見はあるか」
「その記事に挑戦はあるか」
「その記事に覚悟はあるか」

そして『週刊東洋経済』の九月二七日号を手にした。

同号は、日中韓不信と憎悪はなぜ続く、という観点から冷静沈着に「ビジネスマンのための歴史問題」を特集している。日本政治史研究の権威、坂野潤治先生の誌上講義は必読だ。『日本近代史』（ちくま新書）という名著を著した坂野先生はいま、あらためて「崩壊の時代は、目前だ。戦前八〇年の教訓を見据えよ」と喝破される。

同特集号では、中国・南開大学准教授、熊培雲さんの文章に共鳴した。熊さんは一九七三年江西省の農家に生まれ、南開大学、パリ大学を卒業。現在、東京大学の客員研究員として日本滞在中という。

「国家の歴史の呪縛を解こう」と題する一文の要旨は――

「中日間の歴史問題は、本質的には国同士の力関係という現実問題だ」「変えられるのは歴史に対する現代人の解釈と態度である」「日本ではヘイトスピーチもどきの本がたくさん出ているが、これも歴史問題ではなく、現在の社会でどんな本が受けるかという商売の問題だ」「重要なのは、いかにして人間本来の姿に回帰するかということだ。米国の思想家、ヘンリー・ソローが言うように、われわれはまず人間であり、その次に国民であるべきだ」「戦争が自国民にもたらした苦しみを顧みるだけでなく、戦争が他国にもたらした苦しみをも顧みる必要がある」「いわゆる歴史和解とは、つまるところ人間の運命そのものに立ち戻ることだ。人間の苦難の歴史に対して広く同情を寄せ、その上にしっかりした文化と制度を確立してこそ、苦難の再来は避けられるのだ」

私は、熊さんに会いたくなった。

九、「石橋湛山」を読む

二〇一五（平成二七）年は、なにかとキリがいい。戦いすんで陽が暮れて七〇年。昭和という年号が続いていれば昭和九〇年だ。（はじめに触れたように、わが「やじうま広報塾」は創塾二〇年）。

当方は、いうなれば「一日一生」。きょうの自分を大切にしなければ、明日はないのだ。

恥ずかしながら、わが陋屋の六畳ちょっとの仕事場は、文字通り本で埋まっている。生きている間に処分しようと思うのだが、なかなかはかどらない。

そのなかに『石橋湛山全集』全一五巻（東洋経済新報社）が、なんと一度も読まずに眠っている。「ことし中に読み切ろう」。そして、昭和六年（一九三一年）～七年（一九三二年）の評論活動を収載した第八巻を取り出した。己が生まれたころの日本はどうだったか、と。

湛山に挑む前に、歴史学の第一人者、坂野潤治さんの名著『日本近代史』のおさらいをした。著者は言われる。

「一九三一年九月の満州事変から翌三二年の五・一五事件までの八ヵ月の間、日本は危機の渦中にあった。対外危機と軍事クーデターと経済危機の三重苦に見舞われたのである」

まさに、われ母の胎内にいるときだ。湛山四八歳。ファシズム台頭の時代をどうとらえたか。まず、湛山が執筆した昭和六年九月～一〇月の東洋経済新報社社説を要約する。

「支那は、わが国にとっては最も旧い修交国であり、かつてはわが国の文化を開いてくれた先輩国でもある。とくに両国の間に戦の交えられたこともないではないが、それはすこぶる稀な事件であって、過去千百年間の日支の国交史に依るに、日支の国交はすでに西暦三世紀から開かれた類例少なき親睦の歴史を示した。而してこの親睦は、将来もまた永久に継続することが、両国の利益であり、必要であることも疑いない。しかるに最近十数年の両国の関係は残念ながら大いに親睦と云い得ない。とくにこの一、二ヵ月の情勢は、日本が中村大尉事件を騒げば、支那の首脳者は、日本の支那における陰謀を云々するという有様で、感情の疎隔殆ど両端にまで達したかに見ゆる。而して奉天に於いてはついに遺憾至極の不祥事まで爆発した。何故両国の国交は近年かように円満を欠くか。争いの根本は、主として、いわゆる満蒙問題にある。ゆえにこの際、この満蒙問題を一掃的に解決することは、すなわち日支両国の修交を元の親睦に戻す所以で、両国の為め、また世界の為め、誠に喜ばしい企てである。

戦いの要道は、敵を知り、我を識るにあると云われる。之は平和の交渉に於いても同様だ。しかるに我国民の支那に対するや、彼を知らず、我をも識らず、唯だ盲動しているのである。それでは支那と戦うにしても、和するにしても旨く行きよう筈がない。

それ以前、多くの支那青年が日本に留学した。ところが、有能な若者を迎え入れる学校や下宿は、あまりにもお粗末で、しぼるだけしぼる、という状況だった。学生は、いつのまにか消えてしまう。一方、支那に招かれた日本の教育者も、ほとんど雇用期限が来ると同時に追い払われている。湛山先生は言う。

『この体たらくで日本が支那の信頼を得んと求むるがごときは、木によって魚を求むるよりも不可能である』

（注、満蒙とは満州と蒙古のこと。満州は現在の中国東北部、蒙古はモンゴル高原）

湛山は、国際外交問題だけでなく、社会格差についても問題意識があった。

たとえば当方が生まれて間もない、昭和七年七月三〇日号の東洋経済新報「財界概観」というコラムを注目したい。

『去る七月二二日の東京日日夕刊は「涙で消した火事、けなげな一江さん」と題した記事を掲げておった。

二一日午後一一時、市外代々幡町幡ヶ谷八一三、無職刈込嘉助（四一）方から出火。蚊帳、ふとん、唐紙等を焼き、大事に至らず消し止めたが、代々幡署で原因を調べたところ、意外にもそこに悲惨な物語があった。

嘉助は数年前から失職し、連日職を求めて歩いている。妻とし（二八）との間に長女笹塚小学校三年生一江（九つ）二女せつ（七つ）一年生がある。窮迫のどん底にあへぐ有様に、妻としはカフェーの女給となり、僅かなチップを生活費に充てていたが、電燈料滞納で数ヶ月前から電燈を消されて蠟燭で夜を凌いでいた。火事の夜も、としはカフェーに、嘉助は職探しから帰らず、一江は妹せつをいたわりながら蚊帳を吊って就寝したが、せつが「姉ちゃん暗くてこわいよ」というので蠟燭をとぼしてやったが、消すのを忘れ眠ってしまったところ、夜風に蠟燭が倒れ、火が蚊帳に燃え移ったものである。この時一江は健気にも、寝ている妹を小さい腕に抱えて外へ飛び出し近所に救いを求めた。火事も幸いに消し止めたが、これがため一江は両手に治療二週間の火傷を負った。

事は市井の一小出来事である。多くの人は何の注意も払わずに見過ごしたかも知れぬ。しかし記者（湛山）は、この記事を、社会に対する強く憤懣の念なしに読めなかった』

そして湛山は、恐慌、失業、生活苦を招いた支配者階級の不明に筆誅を加える。

石橋湛山は、一八八四年（明治一七年）九月二五日、日蓮宗僧侶杉田湛誓の長男として東京で生まれた。他家で修業を積み山梨県立第一中学校（のち甲府中学校）を経て、一九〇七年（明治四〇年）早稲田大學哲学科を卒業。兵役もあって一九一一年一月、東洋経済新報社に入社している。湛山の妻さは、通勤の往復の車中、経済学の書物を読みふけったということだろう。

『石橋湛山評論集』（岩波文庫）は「急進的自由主義者の出発」という項目からはじまる。湛山は言う。「人が国家を形づくり国民として団結するのは、人類として、個人として、人間として生きるためである」

その評価が高まったのは、出処進退の鮮やかさだろう。

鳩山一郎内閣を実現させた湛山は、一九五六年（昭和三一年）一二月、鳩山引退の跡を引き継いで自由民主党第二代総裁に就任。首相の座に就いた。①国会運営の正常化②綱紀粛正③雇用の増大④福祉国家の建設⑤世界平和の確立、という「五つの誓い」は国民の関心を集めたが、就任二ヵ月後に肺炎で入院、潔く辞職した。

かつて満州事変直前、凶弾に倒れた浜口首相の病後をいたわりながらも国会を長期欠席したことを非難、退陣を迫った（全集第八巻「近来の世相ただ事ならず」所載）。そのことを知る識者は、言行一致の湛山に、惜しみながらも拍手をおくったのだ。

一九七三年（昭和四八年）四月二五日、湛山は逝った。八八歳だった。

ここまで書き上げたとき、ふとわが心の師である故小島直記先生の声が聞こえた。

「五〇代半ばのころ、石橋湛山全集が刊行されはじめ、それを購入して読むうちに、こんな偉い思想家、ジャーナリストがいたのかと強い感銘をうけた。そのときは書くつもりはなかったが、気力、体力が回復するにつれて、湛山に没入。五〇代の総決算として五九歳のとき、新潮社から『異端の言説　石橋湛山』上下二巻が出版された。私はこれを踏み台として、勇気をもって六〇代の仕事に突入することができた」（小島直記伝記文学全集第９巻『異端の言説　石橋湛山』――中央公論社刊）

世の中、右傾化しているだけに、いまこそ湛山。読み続けよう。

一〇、継続は力なり

友人の広報パーソンは言われた。「いまこそＰＤＣＡだね」。

それは、こういうことだ。

広報業務は、計画〈Ｐｌａｎ〉、実行〈Ｄｏ〉までで終わってしまうケースが多い。評価〈Ｃｈｅｃｋ〉、改善（Ａｃｔｉｏｎ）まで含めたＰＤＣＡがサイクルとして成立せず。戦略的な広報活動への弊害になっている。

私は、その問題提起に共鳴しながら二〇数年前の著作を思い出した。手前味噌ながら精魂こめて書き下ろした『ＴＯＴＯのヒューマン経営　快適生活空間のクリエーター』〈ＴＢＳブリタニカ刊〉である。

なぜＴＯＴＯを書いたか。同書の「まえがき」を引用したい。

「フリーになって、いわゆる企業ものの単行本執筆を頼まれた。しかし、光強ければ影も濃く、特定の会社の本を書くことには正直にいってためらいがあった。断り続けながら、ひょいと編集者に「ＴＯＴＯは、サラリーマンとしてうらやましい会社ですね」と話した。たんなる雑談だったが、しばらくして執筆の依頼状が届いたのである。

第一章は「デミング賞への道」。

デミング賞は、わが国の品質管理の普及と推進に大きく寄与したアメリカ人のデミング博士の業績と友情を永く記念するため、一九五一年に設けられた。全社的な品質管理「ＴＱＣ」〈Ｔｏｔａｌ　Ｑｕａｌｉｔｙ　Ｃｏｎｔｒｏｌ〉に貢献した個人や企業に贈られる。

ＴＯＴＯは、一九八九年一〇月一八日、一九八九年度「デミング賞実施賞」を受賞した。「ＴＱＣキックオフ社長宣言」を発して四年目、社長から新入社員まで約九〇〇〇人の労苦が実を結んだのだ。

ＴＱＣは、いうまもなく「デミングサイクル」と呼ばれる方針管理の「ＰＤＣＡ」に大きな特徴がある。中長期の経営計画を達成するには、社員それぞれどうあるべきか。社長方針のもと、各階層ごとにまず問題点を洗い出し、解析を行い、課題をつくる（Ｐｌａｎ）。ついで、それを実施（ＤＯ）し、結果のチェック（Ｃｈｅｃｋ）を行なったうえ、必要なアクション（Ａｃｔｉｏｎ）をとる。その間、方針管理の展開を確認する意味で、社長は役員、役員は部長、そして部長は課長と、お互いが納得するまで話し合う。それをＴＱＣでは「キャッチボール」と称している。

ともかく、「ＰＤＣＡ」のサイクルをぐるぐる回しながら、組織的な品質管理活動を進め、企業体質を強めていく。それがＴＱＣなのだ。

二〇〇六年にまとめた拙著『修羅場をくぐった広報マン』（講談社刊）でも、ＴＯＴＯ広報に伝承されてきたデミングサイクルにふれている。「広報の目的は何か」「経営方針にそって広報部門はどのような活動をしてきたか」「市民社会の声を聞き、それをトップに伝える努力をしているか」「これからの広報体制はどうあるべきか。その考えを持っているか」といった、プランに相当する問題意識を鮮明にさせたうえで「実際にどう報道されたか」「企業イメージは上がったか」などをチェックする。

ＴＯＴＯの広報を創った男、中村豊さんは、「やじうま広報塾」の柱として創成期の塾を支えてくれたが、二〇〇五年晩秋、還暦を前にあっというまに天国に逝ってしまった。無念というほかない。中村さんの「遺言」とも言える「ＰＤＣＡ」は、企業だけでなく、広報担当者それぞれ、生き方の基本のように思えてくる。

まずP、プランを立て、次のD、行動につなげる。それには普段からセンスを磨いていなければならない。シンクタンク主宰の田坂広志さんは言われた。

「採用されない企画書は紙くずに過ぎない」

東洋思想の陽明学に「知行合一」という言葉がある。知ること、行うことを一つにする、という意味だ。企画とは、まさにそのこと。

これから市場や社会で何が起こるのか。そのとき、われわれにいかなる好機が訪れるのか。そして、その好機を前に、われわれは何を為すべきか。

私は、新聞の切り抜き、スクラップを日課にしている。雑誌や単行本、あるいはテレビ番組でも感じ入ったフレーズはメモにして、あとで整理する。人の話もよく聞く。チェックに相当する日記も書いている。

ではC、チェックはどうか。営業部門ならば、売上・利益という数字で成績が示される。だが、広報活動の場合、それによってイメージが上がり業績向上に寄与したとしても、それを数字で示せないのが悔しい。

広報の評価について、まったくないわけではない。経済広報センターが選定する『企業広報賞』を始め、社内報コンクール、社会貢献や環境戦略に対する表彰制度など、いろいろ用意されている。一〇数年前、当時、まだ塾のメンバーだった大成建設に『パブリシティ効果度』なる金銭評価のデータをみせてもらって正直、驚いた。

それは、企業に対する好意記事のスペースを、朝日、読売、毎日、日経、産経五紙を対象にして広告費に換算したもの。企業記事を書く側としては、記事をおカネに換算されるのは気持ちのいいものではないが、広報活動評価の一定のモノサシにはなろう。平成六年度（六年四月〜七年三月）の場合、大成建設は累計二億九九二万円（調査対象八〇〇社の七八位）で、ゼネコンではトップ。以下、鹿島建設一億一二九二万四〇〇〇円（一五二位）、大林組七四五二万二〇〇〇円（二一九位）、清水建設四二三七万四〇〇〇円（三一三位）、竹中工務店二四五二万二〇〇〇円（四二二位）を大きく引き離しているのだ。

率直にいって、チェックをうんぬんする前に、トップ・経営層の広報感覚はどうなのか。はたまた広報は、経営機能の一部、という認識が社内に確立されているかどうか。そのことを問わなければならない。そしてA、アクション。改革を実行しよう。反応しない広報担当者は願い下げだ。

A社の広報部長Tさんは、かつて私にこう言った。

「地平線のかなたに何か黒点、異常が見えないか。それをいち早く発見して、その対応策をトップに伝えるのが、広報リーダーの役割りだと思う」

旧聞になるけれど、紫綬褒章を受章した際の作家・宮本輝さんの発言に注目したい。

「芽が出ない時も、人生おしまいかと思う時もあった。病気にもかかったが、ええ失敗やと思える日が来た。どんな時も続ける勇気があったからだと思う」「千枚の原稿も一字から。一字が四〇〇字になり、一枚が二枚になり、やがて三〇枚になる。積み重ねのすごさ。これからも繰り返していきます」

（二〇一〇年一一月二日発行の朝日新聞所載）

お互い、志を忘れずに前に進もうではないか。継続は力なり。心底、そう思う。

一一、マーケティングの実際

広告宣伝も広報PRも、マーケティングに包含されると思うのだがどうか。社会が求めるモノやシステムをどのようにして創り出し、販売し、利益を上げるか。企業経営の原点はそこにある。

二〇〇七年の春、塾のメンバーではない某社の広報部長に頼まれた。「新人対象の文章教室を開いてほしい。とくに記者さんに評価される読みやすいリリースの書き方を重点的にお願いします」

わが塾の文章講座を受講された賢明なる一期、二期のみなさんなら、次のようにこたえるだろう。

「文章技術の前に、何を書くか。内容が問題です」

その通り。広報担当者は、リリースの受け手〈マスコミ〉が関心を持つ素材を提供しなければならない。

では、どうするか。ずばりマーケティング能力を身につけることだ。もう昔話だが、受け手（この場合、夕刊フジ記者だった私）が飛びついた二つの事例を示そう。

一つは『猛烈セールスダービー』という大見出しがついた一九六九年七月一一日の記事である。こんな書き出しだ。

「セールスマンの馬券を買いませんか……という風変わりな手紙が、この一週間ほどの間に、全国のガソリンスタンドやドライブインなどに舞い込んでいる。カー・ステレオのトップメーカー、クラリオンが販売網を拡げるために編み出した「ダービー商法」。セールスマンを馬に見立てて、〝馬券〟を出す。

ノルマの遂行度で昌勝、連勝の商品をつける。各馬早くもいっせいにムチが入って成績は上乗。ビジネス戦争、いよいよ過熱気味のようである」

もう一つの記事は『殿様三菱にサムライあり』。一九七四年九月二四日のやはり一面全部をつぶして掲載された。

新規採用の取り消し、レイオフなど不況が深刻になり始めたころのこと。敏腕のマーケッターに「三菱電機の中津川製作所にどういうわけか、ヒット商品が続出している。その秘密を探りに行きませんか」と誘われた。

私たち記者は、家電各社の企業風土を「日立野武士、東芝サムライ、三菱殿様、松下町人」というイメージで見ていただけに、中津川を取材した後、ごく自然に「殿様三菱にサムライあり」のフレーズが生まれた。

言うまでもなく、前者は拡販を支援する巧妙なＰＲ戦術だし、後者は風土改革に狙いがあった。その手に乗って言うのもなんだけれど、両のトップが広報担当者を評価したのはいうまでもない。

人生に「もしも～たら」は禁物だが、私が産経新聞経済部から夕刊フジの創刊クルーに加わらなかったら、おそらく流通ビジネスかマーケティングの専門記者になっていたと思う。

繊維業界を担当していた一九五五年、マーケティングという経営戦略が米国からもたらされた。夢の合成繊維といわれたアクリル繊維。東レ、帝人両社は、共同商標の『テトロン』で競い合う。東レの当時の宣伝課長、遠入昇さんとの出会いは忘れない。彼は言った。

「黒を流行させるため、スキーの王者、トニー・ザイラーを起用する。ネーミングは『黒い稲妻』だ」

イメージ戦略の先駆けとして記憶されていいだろう。

斜陽に転じた繊維から、モータリーゼーション開幕の自動車や、新三種の神器〈テレビ受像機、洗濯機、電気冷蔵庫〉でわく家電など、その後の高度成長時代を牽引する花形業種へ。当方は二〇代後半の若さ。半世紀も前のことである。

やりがいがあった。書きまくった。

「新聞記者は、販売のほか広告収入で給料をもらっているのに、広告人を低く見ている。広告記者会をつくるべきだ」

吉田秀雄電通社長と水野成夫産経社長の間でそのような話し合いが持たれた。一九六〇年代に入ってまもなくのころだ。部長の指示を受けた私は、記者会設立に向けて各社間の根回しをやらされ、有志による「広告研究会」の発足にこぎつけた。

そして私は、一九六一年秋に『百万人のセールスマン』と題し、「脚光浴びる企業広告、イメージ戦略いま盛ん」〈上〉、「花やかに国際合戦、広告界にも自由化の波」（中）、「近代化へ新しい動き、広告取りから水先案内へ」（下）という広告界の実態を描く三回連載の署名記事を書いている。

産経は、給料が安いこともあって内職（アルバイト原稿の執筆）が許され、外部の編集者にも鍛えてもらった。

たとえば、能率協会発行の『市場と企業』という雑誌にマーケティング情報を毎号寄稿した。編集長の田嶋義博さんはその後、学習院大学の教授を経て、学長、院長まで務められたが、私にマーケティングの面白さを教えてくれたひとりである。

東洋経済の『ビジネス』誌には、敬愛するN紙のS記者と交替で「日本産業のビジネス戦略」を連載した。

Sさんは、私に「出世しようぜ。いや社内で出世するのは昇進。本当の出世は書いて字の如く、世に出ることだ」という。ライバル関係にあるのに何かと面倒を見てくれた。

三〇歳になるころ、あるPR会社社長から、それこそ三顧の礼をもって「高給お召抱え」のスカウト話が持ちこまれた。迷った末、Sさんに相談した。彼はなんと言ったか。

「毎晩呑んだくれて、ゴルフをしたかったら、その話、受けたらいい。だが断るならば、記者としてもっと勉強すべきだ」

目からウロコが落ちた（もちろん、酒はやめたわけではない。念のため）。

私ごとはさておき、一九六〇年代から七〇年代にかけ、民間放送開局や週刊誌創刊ブームを背景にしながら企業に広報セクションが続々と誕生した。「企業広報のあけぼの」といっていい。

だが、メディアの側から率直に言わせていただくと、広報課が生まれる前のほうが、足繁く企業を訪ねたように思う。広報という名の関所がないから、随分、現場のリーダーに会うことができた。そのリーダーの秘書のような若い女性が、帰り際に言う。

「何か宿題はありませんか？　調べておきます」

わが塾のメンバーの中には、営業部門などから移ってきた方がいて「右も左もわからず戸惑うばかり」とおっしゃる。確かに、気難しい記者と対応するのは神経を遣うに相違ない。

では、営業マン時代は、どんな勉強をされたか。対外的な広報コミュニケーション活動はマーケティングに含まれると解釈したら、少しは広報が身近になると思う。

マーケッターにとっていまや古典的な名著『新しいマーケティングの実際』（佐川幸三郎著、一九九二年、プレジデント社刊）は、広報担当者も読んでおきたい。

著者は、花王にマーケティング思考を注入した立役者。代表取締役会長も務めたが、同書を上梓してまもなく鬼籍に入られた。

「企業の最も重要な機能は、創造的なシーズを生み出す機能とマーケティング機能の二つであると考えられる」

「マーケティングは、商品やサービスが持っている創造的技術による生活者の受益増大の可能性が起点であり、消費者の使用後の満足が終点である。

その起点と終点を結ぶ間のあらゆる結節点をつなぐ情報ネットワークの設定と運営の技術が、マーケティング技術なのである」

センスを磨き、時代を駆ける。そのようなあなたを、優秀な記者は離さない。

一二、コト・マーケティング

二〇一三年夏、ちょっと勉強した。

流通科学大学商学部准教授、東利一（ひがし・としかず）さんの論考に強い刺激を受けたのだ。題して「顧客が幸せであることを創り出すコト・マーケティング」。商工中金経済研究所が発行する『商工ジャーナル』（六月号掲載）。東さんは次のように書き出している。

「モノやサービスがコモディティ化した今日の成熟市場で、コト・マーケティングが注目されている。だが、言葉だけがひとり歩きしている感は否めない」

そして東さんはあらましこう言う。

「コト・マーケティングの本質は、目指す消費者の生活、もしくは社会の実現のために商品やサービスを提供すること。コトのテーマは顧客自身も気づいていないことが多く、ここでの気づきが成否の分かれ目になる。企業の役割は、顧客へのコト世界の提案であり、その実現を支援することだ。

そのために製品やサービス、ソフトをどう開発し、組み合わせるかということを考える。コト発想をしない競合他社に対し、この一連の製品・サービスの展開は得難い先発者の競争優位性になるだろう」

成功事例として花王の健康飲料ヘルシア、オートバイのハーレーダビッドソンジャパン（ＨＤＪ）、ソニーのウォークマン、アップルのｉＰｏｄがあげられる。

ソニーのウォークマンについては、私自身、創業者の井深大、盛田昭夫両氏および三代社長の大賀典雄氏に直接聞いたエピソードがある。二〇年前に刊行した拙著『人間井深大』から引用したい。

平成五年一月、ソニーのヘッドホンステレオ「ウォークマン」の生産台数が発売以来一三年余りで累計一億台を超えた。その誕生の経緯にソニーらしさがうかがえる。

「大賀さん、このプレスマン（録音再生機）にステレオヘッドとアンプを入れて、ステレオが聞けるようになりませんか。実は来月、アメリカに行くんですが、往復の飛行機の中でステレオ音楽を聞きたい」

大賀典雄は「お安いご用です」と答え、オーディオの担当者につないだ。

アメリカから帰った井深は、開口一番に何と言ったか。

「おいおい大賀君、あの電池はどこで売っているの。ニューヨーク中探してもなかったぜ」

大賀は「しまった」と思った。技術的には何も難しいことはないのに、コンパクトにまとめるため特殊な電池を使ったのだ。

それを聞いていた盛田昭夫が、言葉をはさんだ。

「これ商売になるよ」

このとき井深さんは、すでに七〇代に入っていたし、盛田は還暦間近だった。その二人が、一九八〇年代における若者文化の象徴ともいうべきヒット商品を発想したのである。

ソニーはテープレコーダー、ポケットに入るトランジスタラジオ、それにポケッタブルの小型テレビ受像機など、今日的にいうならコト世界に先駆した。もっとも、ｉＰｏｄでは、ソニーはアップルに負けた。残念というほかない。

私は、四〇歳になってからスクーターを愛用したけれど、ハーレーは名声だけが記憶にある。

ハーレーは、高性能の大型バイクというイメージを超える。

東准教授によると、ハーレーには「出会う」「乗る」「創る」「装う」「知る」「選ぶ」「愛でる」「競う」「海外交流」「満足」という「一〇の楽しさ」がある。

たとえばツーリングなどのイベントは、年三〇〇回以上も開催される。ハーレー・ワールドを壊さないため、会場内のごみ箱はウイスキー樽を活用する、という気の配りようだ。

クリスマス・イベントで行われる交通安全祈願も、司祭に式を執行してもらい、サンタクロースに扮したライダーたちがハーレーにまたがって市内をパレードする。

一方、ショップでは、ハーレー・オーナーのためにカスタマイズを行うスタッフを育成している。年に一度、カスタマイズ・コンテストを行い、上位三名はバイク専門誌に掲載される。販売店との関係も見直し、来店したくなるような綺麗な店舗に遂次改装していった。

東准教授の論考を読みながら、当方は二〇年ほど前、バブル最盛期に書いたりしゃべったりしてきたことを思い出している。

「CS（顧客満足）と社会活動はクルマの両輪だ。それは、いうなれば企業の社会的責任である」

その理由として私は当時、次のように述べた。

①地球生態系を守るために、先進国は従来のような高度成長は許されない。となると、これまでの成長――納税、福祉はお上にという図式は崩れる。

②アメリカでフィランソロピー（社会貢献活動）が加速したのは、麻薬禍の広がり、中等教育の荒廃、貧困の拡大という三重苦が背景にある。

③社会的責任を果たさない企業は、いずれ市民団体、生活者に嫌われる。投資の対象からも外れる。

では、社会活動の効果はどうか。

①ブランドイメージの向上。
②社員のモラルアップ、活性化、さまざまな異なった体験による人材育成。異質な分野と交流することにより企業感度、つまり、生活や社会に対する感度がよくなる。
③リクルート効果。良禽は木を択ぶ。
情けは人のためならず。長い目で見れば社会活動は業績にハネ返る。

ただしイメージを上げる、ではなく、結果としてイメージが上がる、「を」と「が」を間違えないように。社会貢献活動は、本業ビジネスの延長線上にあるバブル崩壊は「天網恢恢疎にして漏らさず」だった。

安倍内閣は「アベノミクス」を掲げて、デフレからゆるやかなインフレへ舵を切った。揺れ動く経済。広報パーソンとしていかにあるべきか。

顧客自身が気づいていないコトに気づくには、やはり時代感覚であろう。人に会う。新聞・雑誌・本を読む。近頃増えつつあるソーシャル広告の現状を摑む。ツイッターなどＩＴにも目配りをする。ひと口にいえば「情報力を磨く」ことだろう。

忙中閑あり。フィットネスに行ったら、帰りに試供品をもらった。汗のにおいを取り、さわやかな体臭にする花王の男性用全身洗浄料、その名も「メンズビオレ　ボディウオッシュ」という。

翌日は資生堂の試供品をもらった。大人特有のにおい（加齢臭）をいい香りにする「ジョイフルガーデン」だった。

二つとも、においのエイジング対策だ。コト・マーケティングの所産であろうか。

一三、暖簾とブランド

『堕落する高級ブランド』（ダナ・トーマス著、実川元子訳、講談社発行）を読んでいる。ルイ・ヴィトン、ディオール、グッチ、プラダ、アルマーニ、シャネル、エルメス……「志」を失ったのは誰だ？

若いころ、銀座路地裏のバーでウサを晴らしていた当方、その銀座の目抜き通りがいわゆる高級ブランドの店に占拠され、いささかご立腹だっただけに本書の題名や〝帯〟に溜飲がさがった。ご用とお急ぎの諸氏のためにポイントを記しておこう。

私たちが知っている高級ブランドの多くが誕生したのは、フランスのブルボン王朝およびナポレオンのボナパルト家の治世下である。一九世紀に身分の低い職人が王族のために最高に美しい工芸品をつくったことから始まった。

大企業の経営者や大物財界人は、高級ブランド・メーカーを高齢の創業者や無能な相続者から買い取り（もしくは乗っ取り）、家族経営の小規模な会社をブランド企業へと変身させた。

高級ブランドが直面している危機は、世界的景気減退だけが原因ではない。ブランドとして、グローバル化できない「価値」があったことを忘れて（もしくは無視して）しまったことで招いた「危機」は、たとえ景気が回復しても去っていかないだろう。

私は、本書を読みながら考える。企業の価値とは何か、と。高級ブランドを率いる経営者たちは、商品のブランドイメージを背景に、あの手この手のマーケティング戦略を駆使して利潤を増やし、株価を吊り上げ、自らの懐を豊かにしていく。そこにはもう、創業者の志はない。

金融資本主義が没落した、といわれるいま、グローバル経営だの、市場原理主義だの、はたまた企業価値がどうのと言っていた企業家たちの声を聞いてみたい。

わが国には、創業家の家憲を守り、成長させるシンボルとして「暖簾」があった。日本経営史の泰斗、明治大学名誉教授の由井常彦先生は「暖簾とブランドは違う。暖簾を意味する適切な外国語は見当たらない」という。

何年か前、月に一度、日曜日の午後に「由井講座」を受講した。その月のテーマはずばり「老舗の経営」だった。

先生はまず、帝国データバンク史料館が明治末年（一九一二年）までに創業した全国の長寿企業四〇〇〇社に行なったアンケート調査「老舗の実情」と、長寿企業二万四二三四社を分析した「データで見る老舗」という貴重な二つの資料を示された。

〔老舗の実情〕老舗がこれから最も重要視することを漢字一文字で表現したら、信用、信頼の「信」。同じく社風をイメージさせる漢字は「和」。老舗の強みは「信用」と「伝統」だが、逆にその「保守性」が足かせ（弱み）になっている。

他方、老舗の八割が「家訓」を持ち、（創業時の）「事業内容を変更した」老舗も六割に上った。今を生きる老舗のキーワードは「伝統と変革」と言えそうだ（調査実施日は二〇〇八年三月二四日〜四月一〇日、回答数八一四社）。

〔データで見る「老舗」〕帝国データバンクの企業概要データベース「COSMOS2」（約一二四万社）から宗教法人や社団、財団その他の公益法人等を除いた一一八万八四〇〇社を参考に、明治末年

（一九一二年）までに創業した企業二万四一三四社を「長寿企業」として取り上げた（二〇〇八年四月二八日現在）。

それによると、明治維新前（一八六七年まで）に創業した企業は一八七九社。江戸幕府の開府前（一六〇二年まで）では一三九社。業種別では「清酒製造」「旅館」「菓子製造販売」が多い。都道府県別では京都府が最も老舗の出現率が高いことがわかった。

みなさんご存知の老舗の創業年度をみてみよう。

◇建設　竹中工務店　慶長一五（一六一〇）年

◇食品　剣菱酒造　永世二〈一五〇五〉年
　　辰馬本家酒造　寛文二〈一六六二〉年

　　山本山　元禄三〈一六九〇〉年
　　にんべん　元禄一二〈一六九九〉年

◇金属　住友金属鉱山　天正一八〈一五九〇〉年

◇卸売　国分　正徳二〈一七一二〉年

◇小売　西川産業　永禄九〈一五六六〉年
　　松坂屋　慶長一六〈一六一一〉年
　　鳩居堂　寛文三〈一六六三〉年
　　三越　延宝元年〈一六七三〉年

昔、つまり江戸の人たちは「唐様で書く三代目」とか、「親苦労する、その子楽する、孫乞食する」などと商人をからかったが、世紀を超えてきた老舗の有為転変に興味がある。

さる高名なご仁が「日本橋三越が、屋号だった『越後屋』の暖簾を店頭に掲げた」という。当方は「その噂が本当なら本稿の書き出しに使える」と心勇んで広報担当者に確かめたが「何かのイベントで展示したのがオーバーに伝わったのでしょう」といわれ、がっかり。

「信頼の象徴である暖簾が再認識されています。復活させませんか」

「うれしいですね」

広報担当者との会話はそこまでだった。

由井先生の講義に戻ろう。

「江戸の大店。おおだなと読みます。おおかぶき（大歌舞伎）というようにネ。成功者の多くは近江商人、伊勢商人でした。宵越しのゼニを持たない江戸っ子は、近江泥棒、伊勢乞食と蔑んだけれど、それは遅くまで働いているから泥棒みたいだの、粗末な衣服で働いているから乞食のようだ、と。腹いせに言ったのでしょう」

明治期に銀行を興して成功した安田善次郎は、富山の人だが、花売りをするうちに手ぶらで戻るのはもったいない、と花を売った先で魚を仕入れて帰り、往復で稼いだ。

松下幸之助は丁稚小僧のころ「タバコを買って来い」といわれる。そのうち数量が増えると、一個か二個、おまけにもらえることに気づいた。松下少年は、職場を回ってタバコの注文をとるようになった。

「大店の経営の要」は、始末（収支を明確にする、ムダを省く）、才覚（知恵を出す、気配り）、算用（そろばん勘定）の三つ。今でも参考になる商人道の基本である。

「暖簾」に関する、いい教科書はないか。

ありました。山崎豊子の半世紀前の処女作『暖簾』が新潮文庫で読める。私が手にしたのは平成一九年六月三〇日発行の五一版。次の記述に、この作品の真骨頂がある。

「抵当だっかー」

思わず、声に力がこもった。

「おます、おまっせェ」

吾平の眼は一瞬、怒気を含んで相手を見据えた。

「本家から分けていただいた浪花屋の暖簾が抵当だす。大阪商人にこれほど堅い抵当はほかにおまへん。信じておくれやス、暖簾は商人の命だすー」

物語は二部構成。創業者のど根性と、何もかも失った戦禍から這い上がる二代目の才覚が描かれる。もう一冊。こちらは新刊の『商人　あきんど』(ねじめ正一著、二〇〇九年三月、集英社)。フィクションだが、創業三〇〇年を超える鰹節商『にんべん』の三代目を中心に、男だけでなく女も暖簾を支えたという展開が、詩人ねじめ正一の作品らしい。

ちなみに『にんべん』の由来は、屋号・伊勢屋伊兵衛の伊がにんべん(人偏)であることから、商売堅実を意味するお金(かぎの形、カネ尺)とイを組み合わせ「カネにんべん」の暖簾印(商標)が生まれた。そして江戸の人たちは次第に「にんべん」と呼ぶようになったのだ。

暖簾とブランド。ことさら区別する必要はないかもしれない。けれども私は、世界に冠たる『暖簾』にこめられた「信」と「和」、「伝統と変革」の心を大事にしたい。

一四、今に生きる石門心学

中谷巌さんの懺悔の書を読んだ。『資本主義はなぜ自壊したのか「日本」再生への提言』（二〇〇八年一二月、集英社インターナショナル発行）。帯には、リーマン・ショック、格差社会、無差別殺人、医療の崩壊、食品偽装。すべての元凶は「市場原理」だった！　構造改革をウリにする自民党内閣に知能を買われた、いうなれば御用学者。ソニーにまで招かれて取締役会議長まで務めた人物が「ごめんなさい。私の考えが間違っていました」と頭を下げたのだ。

中谷さんは、一橋大学経済学部卒業。日産自動車に勤務後、ハーバード大学に留学、経済学博士の称号を得た。米国で猛勉強したに違いない。その中谷博士は、冒頭に紹介した著作の中で言う。

〈「武士道に対抗して商人道を作り出した江戸の日本人」日本では、徳川時代すでに信頼関係という「社会資本」が用意されていた。江戸の社会を実質的に支えた町人たちに、信頼や正直の重要さを説いたのが、徳川時代に現われた鈴木正三（すずきしょうざん）、石田梅岩（いしだばいがん）などによる「商人道」の精神であった。

「商業を通じた社会貢献を説いた石門心学」徳川期の商人道においては、とにかく他者との連帯の重要性を説く。商売においては他人からの信用を得るのが成功に至る最善の道である、というのが徳川時代の商売哲学であった。

たとえば、近江商人の「三方よし」もその一つ。商売における信頼というと、単に取引相手と自己との関係さえよければいいと思われがちだが、日本各地で成功した近江商人たちは「売り手よし、買い手こし」に加えて、商売を通じて社会貢献をする「世間よし」を実現することが重要だと考えた。現代流にいえば、マーケットのみならず地域社会に貢献するビジネスを行うことが成功の秘訣、というわけだ。徳川時代の商人たちは経験を通じて「正直の大事さ」をつかんでいたのであろうが、このような思想を体系化して、日本全国に普及したのが石田梅岩の「石門心学（せきもんしんがく）」であった。（一部要約）〉

二〇年ほど前、新聞記者時代の先輩で大学教授に転じたYさんから、「いまこそ石門心学を教えるべきだと思う」という手紙と一緒に梅岩に関する講義資料をいただいたことがある。

保存してあるかな。いや、探すのがたいへんだ。新規に梅岩の本を買ったほうがはやい。

八重洲ブックセンターの親切な女性社員が、あちこち回って三冊も見つけてくれた。

『石田梅岩のことば――素読用』（寺田一清編、登龍館発行、六五〇〇円）、『都鄙問答　経営の道と心』（由井常彦著、日経ビジネス人文庫、八〇〇円）、『企業倫理とは何か　石田梅岩に学ぶCSRの精神』（平田雅彦著、PHP新書、七〇〇円）。

本来なら一冊でいい。だが私は、それなりの理由で三冊とも購入した。

まず一冊目の寺田さんは、わが座右の書、『森信三先生　一日一語』の編者。同書は書店を通さないので、友人にも読んでもらうため、寺田さんに手紙を添えて何冊か申し込んだという縁がある。森語録の一端をあげておこう。

「人生二度なし」これ人生における最大最深の真理なり。（一月一日）

実行の伴わない限り、いかなる名論卓説も画いた餅にひとしい。（一月二日）

「誠実」とは、言うことと行うこととの間にズレがないこと。いわゆる「言行一致」であり、惰って人が

見ていようがいまいが、その人の行いに何らの変化もないことの「持続」をいう。（一二月二〇日）

本稿を書くに当たって、寺田一清さんに電話をかけると、ご本人が直接、電話口に出られ「八〇歳のときにまとめたんです。いま八三歳。元気ですよ」と気さくに応えてくれた。学んでおられる方は、老いを感じさせない。

次いで二冊目の著者由井常彦さんは前の章の「暖簾とブランド」でいろいろうかがっている。

放送企画などのプロデューサーとして知られる星名登（筆名嶋文太郎）さんの「自信喪失気味の時にこそ歴史に学ぶ姿勢が必要」と全七回（日本の経営発展の歴史、老舗の経営、大変動期〜企業人の対応例、復興と高度成長、日本経営史の巨人たち、企業人の決断〜豊田喜一郎、日本経営史に学ぶこと）の由井講座が実現された。

第一回の講義が終わって質問に入る。私は単刀直入に聞いた。

「今回の大不況を突破する力が石門心学にありますか」

先生は間髪をいれずに答える。

「ありますとも。実は、中国人が拙著の『都鄙問答』に興味を持ち、翻訳の話が進んでいます。日中を核とする新しいアジア経済圏が世界経済をひっぱるでしょう」

三冊目の著者平田雅彦さんは、松下電器産業の副社長を務めた。今も多くの人に「経営の神様」といわれる創業者・松下幸之助氏の薫陶をうけただけに、梅岩の商人道と重ねた次の記述に説得力がある。

松下電器の経営理念と梅岩の『都鄙問答』の原文とをつき合わせてみる。

一、梅岩の「売物に念を入れる」ということは、松下理念にいいかえれば「商品の品質、性能においてどこよりも優れた商品を作る」ということになる。
二、梅岩の「少しも粗相にせずして売渡す」ということは「お客さまにどこよりも優れたサービスを提供する」と見事に一致する。
三、梅岩の「是まで一貫目の入用を七百目にて賄い、是迄一貫目有りし利を九百目あるようにすべし」は、松下理念でいう「どこにも負けないコスト力を持ち、お客さまに喜んでいただける価格で商品を提供する」と的確に符号している。
いずれも見事なまでの対応ではないか。

しかも梅岩はここで「富の主は天下の人々なり」と宣言し、武家や一部の富裕層ではなく、あまねく世の中のお客さまこそが富の主だと喝破しているのだ。「お客さま満足」の最たるものである。

松下だけではない。おそらくみなさんの会社の社是や理念に、石門心学の精神が生かされていると思う。

石田梅岩は一六八五年、現在の京都府亀岡で生まれた。呉服屋の丁稚奉公を経て、四〇代半ばごろ思想家の道に。付け加えるならば、梅岩が生まれたころ、元禄文学を代表する作家井原西鶴の小説『好色一代男』が大評判になっていた。

西鶴といえば、創塾一四周年を記念する四月例会の講師を務めてくださった岩井克人東大教授に「西鶴の大晦日（おおつごもり）」という表題のエッセーがある。

「西鶴の文学作品は、拝金思想の解体から出発した。それは、貨幣の論理から資本の論理への移行を告げるものだった」（『二十一世紀の資本主義論』――ちくま学芸文庫収載）

好奇心旺盛な当方、梅岩の『都鄙問答』から、西鶴の、いわゆる町人もの『日本永代蔵』『世間胸算用』へ。さらに作家富岡多恵子さんの『西鶴の感情』（講談社文芸文庫）まで読んだ。

次第に江戸商人の様子が知りたくなってくる。地元の書店の棚に、そのものずばりの本、『江戸商人の経営』（鈴木浩三著、日本経済新聞出版社発行）があった。

「江戸時代の成功のなかに、現代の資本主義の修正に向けた視座が埋もれている可能性がある」（「まえがき」から引用）

早速、購入したのはいうまでもない。

著者の鈴木浩三さんは一九六〇年生まれ。執筆活動の傍ら、東京都水道局職員部労務課長という職にある。環境局勤務のときは広報を担当したそうだ。

一五、『匠の時代』いま一度

内橋克人さんの不朽の名著『匠の時代』が岩波現代文庫に収録された。全六冊。『夕刊フジ』の連載から数えると、実に三五年の歳月を経ている。私自身、企画・同行取材に大きく関わっただけに感慨深い。

「まえがき」に相当する「緒言」の中で筆者は言う。

「優れた技術開発者、熟練を誇りとしてきた技術者たち、すなわち今日を生きる匠たちから、さらに次の世代、そのまた次の世代へと継承すべき深い叡智、築き上げた密度高い現場ノウハウ、それらのバトンタッチはどうなるのか」

『新版匠の時代』と銘打った全六冊から「匠たちよ、再び」という筆者の強い思いが伝わってくる。

実は私自身、一九九七年から九八年にかけて、一年有余、『平成の名匠　最先端の技術者・研究者たち』を当時の日本工業新聞（現フジサンケイ・ビジネスアイ）に連載している。

執筆は私と馬見塚達雄さん。年齢では私が一つ上だけれど、馬見塚さんは産経社会部記者のころから名文記者として知られ、私が夕刊フジを五五歳定年退職した時は、同紙取締役編集局長だった。だが、おたがいにアッケラカンとして、いまもマミちゃん、シマちゃんと呼び合う仲だけに、少なくとも私は、〝相棒〟を意識することなく、一人分四回（月曜～木曜）に没入。楽しく書き続けた。

手元に二二人（小生担当）にのぼる『平成の名匠』のスクラップノートがある。私も「匠よ再び」というおもいでみなさんに紹介したい（掲載順、カッコ内は四日間の通し小見出し。敬称略）。

三菱電機・加本聡樹（半導体）、富士電機・海北敏造（金属熱処理）、ミヨタ・山崎太郎（掌の量産技術）、キリンビール・金子聡（ビール博士）、富士通・村上公一（人工生命体）、大成建設・小林昭（ダムづくり三二年）、鐘淵化学工業・谷叙孝（血液浄化システム）、東芝・岩崎博（0・76ミリの記憶媒体）、TOTO・塩谷正夫（金型技術の粋）、資生堂・長沼雅子（紫外線を防ぐ）、竹中工務店・箭内剛（建築文化を担う）、味の素・横関健三（新酵素を探せ）、アサヒビール・藤富政孝（廃棄物ゼロ工場）、トヨタ自動車・山田敏生（燃焼解析）、カシオ計算機・小野治夫（腕時計を変えた）、シャープ・小谷章夫（液晶文字物語）、アンリツ・渡辺英男（旋盤加工の神髄）、サントリー・輿水精一（琥珀色のドラマ）、いすゞ自動車・川崎芳樹（歯車博士）、ヤマザキマザック・加藤洋一（母なる機械）、シチズン時計・西村育男（金型を極める）、日本製紙・矢口豊治（抄紙に生きる）。

連載中、多くの匠から記者冥利に尽きる手紙を頂戴した。そして掲載から一五年が過ぎた今も年賀状をくださる。

「コンクリートから人へ」。いうまでもなく民主党の旗印だ。率直に言って「優しい」イメージがある。とかくきな臭い公共事業、たとえばダムや道路、橋をつくるより、子ども手当など社会保障を充実させることが先決、というわけだろうが、私は民主党自慢のキャッチフレーズに「ちょっと待った。コンクリートを使う人たちの汗と涙を知っているのか」と強く反発した。

ニッポン列島は地震の心配だけでなく、台風や異常気象による集中豪雨で河川の増水、氾濫、山崩れなど自然災害が多い。治山治水は国是なのだ。

私は、一五年前の『平成の匠』で大成建設の小林昭さんを次のように書き出している。

群馬県四万川ダムの工事長、小林昭（五四）は「これが最後の現場になるかなあ」と思う。

愛媛の別紙ダムを皮切りに、徳島、香川、富山、岐阜、新潟と回り群馬へ。

「私も家内も、いや親戚も含めて田舎のない東京人。入社三二年でやっと関東に……」と笑った。

単身赴任の生活は、すでに一五年を超えている。山から山へ。それはダム屋と呼ばれる男たちの宿命なのだ。

「家内のほうが、もうそろそろ転勤ではないか、と肌で感じるらしい。ですから家内は、引っ越しの段ボール箱は押し入れに保存していたし、モノもあまり買いませんでした」

徳島県の山中、近くに那賀川が流れる木頭村は、わが国でも有数の多雨地帯で知られる。そこに大成建設として初のアーチ型「小見野々ダム」（四国電力発注）をつくった。

小林にとっては入社二年目。一九六七年夏のことだ。一時間に一三〇ミリをを超える雷を伴う豪雨が三、四時間も続き、あっという間に増水して六〇メートルぐらいの高さになっていた堤体の上をオーバーフローしはじめたではないか。

「小見野々の瀧だ」などと高みの見物ではいられない。堤体上層に据え付けられているホイルクレーン一台が大きく揺れている。

上司のひとりが叫んだ。「このままでは流されるぞ。止めて来い」

もう深夜。落雷による停電で照明器は使えない。小林は、懐中電灯と工具を手に先輩の後をついていき、ワイヤでクレーンを固定させた。約一時間。胸まで水につかりながら必死に戻った。

小林はこのダムでもう一回、死にかけたことがある。ケーブルクレーンの走行路の基礎工事をしている際、斜面を一〇〇メートルも転げ落ちたのだ。

ダムづくりの難しさ、面白さについて小林の話は尽きなかった。

山あり谷ありの奥地。交通が不便なうえ気象の変化が激しい。そんな環境の中、山を削り、基礎を固めていく。ときには地質の問題や突然の降雨により盛り土が崩壊。やっとのおもいで運び上げたクレーンなどの重量物が流されてしまう。緻密な工程管理と、臨機応変に対応できる経験の積み重ね。現場のリーダーにはその両方が求められる。

「私たちは自然を相手にしながら、同時に人間関係を大切にしなければなりません。現場を歩いていて、ふと何かを感じる。土木屋としては、五感も能力のひとつですね」

安全第一は、もう常識。現場の作業者は元請けも下請けもなく「心と心のキャッチボール」を合言葉にしている。

匠の取材に関しては随分、広報のお世話になった。四万川ダムでは、高所恐怖症の当方、高いところに上らされて心臓が凍るおもいだったが、取材を終えて旅館で休んでいると、なんと広報部長の山下健さんが現れたのだ。

「建設省（現国土交通省）の記者クラブにいた記者さんが群馬の支局次長に移っておられるので、その陣中慰問をした帰りです」

支局次長氏はうれしかったに相違ない。それにもまして、わざわざ小生のために……。

キリンビールでは、ビール醸造の先進国ドイツに留学して「ブラウマイスター」の国家資格を得た取手工場の金子聡さんを取材したが、広報部の諸冨滋さんがアテンドしてくれた。

諸冨さんとは、このときが初対面である。だが彼は、創塾二年目の「やじうま広報塾」に入会してくれた。そして現在、協和発酵キリンの執行役員・コーポレートコミュニケーション部長の要職にある。

サントリーウイスキーのチーフブレンダー、輿水精一さんは還暦を迎えた二〇〇九年、手紙のやりとりがあって、塾報に「ウイスキーを再生させる」と題するコラムを書いた。

『平成の名匠』の連載第一回「三菱電機半導体づくり」は、北伊丹製作所を訪ねたが、同社大阪広報室の川瀬幸子さんが新大阪駅で迎えてくれた。彼女は、塾の合宿が大阪で開かれたときに本社広報磯崎本一さんの同伴の形で参加したが、いまも、ときおりメールをくれる。

「半導体の匠、加本聡樹さんのお仲間だった人たちとお会いする機会があり、一五年前の取材を思い出しました」

私は、彼女を、さっちゃんと呼ぶ。会いたいな、と思う。

企業の匠を取材したくなった。

一六、酒呑みの自己弁護

同年輩の老人三人、午後五時に新宿の紀伊國屋書店で待ち合わせ、道路をわたってすぐのビル六階にある居酒屋でほぼ三時間。ビールで乾杯のあと、本来なら焼酎に切り替えるが、この夜はそれこそ「さしつさされつ」日本酒の盃を合わせた。久しぶりの本醸造辛口『浦霞』、うまかったなあ。

その店の名前は『白雨』。学のある？　男が言った。「はくう、と読む。夕立、にわか雨のことだ」

ありていに言えば、塾報「やじうま」編集部の本年最初の打ち合わせをこの店で行なっていて、気に入ったのだ。会場設営の幹事は大正富山薬品の黛絵理さん。インターネットによると「京都おばんざい茶茶白雨新宿」と、随分長い店名だが、一階のエレベーターホールには、三日月風のデザインで小さく「白雨」とあり、せっかちのご仁なら見失ってしまう。

看板のことはさておき、さすが黛さん、いい店を探してくれた。

話を始めに戻そう。

午後七時を過ぎるころになると、しだいに席が埋まっていき、八〇席ぐらいある店はほぼ満席。驚いたことに全体の四分の三は女性客なのだ。

みなさん、思い思いの酒を楽しんでおられる。だが、女性の飲酒が増える一方、中年以下の男性は近頃とみに酒量が落ちているらしい。落ちるどころか飲まなくなっている。

その昔、男は声を張り上げて『男の酒』を歌った。『一献歌』という拓殖大学の寮歌である。

男の酒の嬉しさは、たちまち通う意気と熱

人生山河険しくも、君杯を上げ給え
いざわが友よまず一献。

カラオケ酒場では、定年を過ぎた団塊の世代が「一日二杯の酒を呑み、さかなは特にこだわらず……」と『時代おくれ』（詩・阿久悠、曲・森田公一）を熱唱する。

中国唐の時代、「酒仙翁」と号した詩人李白は、「人生百年を生きたとしても、その百年は三万六千日しかない。だから一日にせめて三百杯の酒を呑むのがよろしい」という。古代の中国人は器量が大きかった。酒を酌み交わして、悠久の平和を語り合いたい。

畏友轡田隆史さんの名著『時代を動かす言葉　私が感動した名言１００』（講談社）を再読した。いまだに新鮮さを失わない。たとえば同書の中の「古今亭志ん生」の名言に酔ってしまう。

「酒がいちばんいいね。酒と言うのは人の顔色をみない。貧乏人も金持ちも同じように酔わしてくれるんだ」

轡田さんは、志ん生の名言を冒頭にかかげながら次のような逸話にふれる。

「（前略）昭和三六年（一九六一）、巨人軍優勝の、選手の家族たちも総出の祝賀会に、こともあろうに志ん生を呼んだのである。急造の高座に上がったとき、場内はすでに喧騒に包まれていた。いまどきの若い噺家なら適当にやって切り抜けたろうが、志ん生は寄席と同じようにつとめようとした。喧噪のなかで志ん生は脳出血を起こして倒れた。どんな考えがあって、そんな席に、偉大な落語家を呼んだのかわからないけれど、非常識じゃないか（中略）。

一年後に復帰して、不自由な体で高座をつとめつづけていたが、やがて自然に高座から遠のいた。昭和四八年（一九七三）没、八三歳。

いまでもわたしは、酒を飲むたびに、無意識のうちにこころのどこかで、志ん生を聞いている。だから酔うのか、酔うからそんな気分になるのか、わからないけれど」

当方は、ときにはワインも呑む。その夜もメンバーは違うがやはり三人だった。会話を楽しむとなると、三人が丁度いい。恋人同士ならもちろんおふたりで。だが四人以上になると、酔うほどに会話が分かれてしまう。三人が絶妙な数である。

ワインの夜は、東京の麹町にある東京グリンツィングという店。オーナーシェフの熱田貴さんは、わが国におけるソムリエの先達だ。日本ソムリエ協会の会長（現在は名誉会長）をつとめ、平成二二年度秋の褒章で黄綬褒章を受章している。

帰り際、熱田さんは精魂込めて書かれた『ワイン賛歌』という本をくださった。

「酒に適量なし。酔心に適量あり」

いい言葉だなあ。

ご著書には、ワインに関する名言がちりばめられている。

「神は水を造り、人間はワインを造った」（ビクトル・ユゴー）

「この世で最も洗練されたものを持つのがワインだ」（アーネスト・ヘミングウェイ）

「ワイン・女性・歌を少しも愛さぬ者は、生涯、愚か者であろう」（マルチン・ルター）

「ワイン、それは水の中にある囚われの太陽だ」（ガリレイ）

本文のはじめのほうで「居酒屋に女性客が増えている」と書いたが、朝日新聞の「リレーおぴにおん」というコーナーに、二〇一四年中ごろ、各界で活躍する女性に酒を語らせる『お酒とわたし』「一二回連載」が登場。トップバッターは、齋藤由香さんだった。齋藤さんは、サントリーの健康食品事業部在籍のころから週刊新潮に毎週『窓際ＯＬ　トホホな朝ウフフな夜』を連載、人気エッセイストになったが、わがやじうま広報塾には二〇〇六年六月の例会に講師としてお招きした。題して「マカ前年比六〇〇〇％の仕掛け」。世の中には助平爺が多いのでござる。もう一度、やじうまにきてくれないかな、と思う。

読む・書く・呑む（コミュニケーション）。恥ずかしながらわが日常である。

書架から故山口瞳さんの著作『酒呑みの自己弁護』（ちくま文庫）を取り出した。

同作品は、私が夕刊フジに在籍していたころ、山藤章二さんのイラストとともに『飲酒者の自己弁護』の表題で連載され、圧倒的な人気を呼んだ。懐かしい。目次をみると全部で一一三編。どれも読ませるが、終わりのほうにある「酒場のエチケット」の一部分にふれたい。

「酒場におけるもっとも大切なエチケットは健康ということである。わかりやすくいえば、体の調子のわるいときに酒場へ行くなということである。調子がわるいと、とんだ失敗をするし、他人に迷惑をかける」

墓碑銘　その一、石坂泰三氏の風貌姿勢

敬愛する作家高杉良さんの『男の貌　私の出会った経営者たち』（新潮新書）を一気に読んだ。リーダーに求められる資質は、ひと口に言えば「つよさとやさしさ」であろう。つよさは強さではなく勁さ。勁の文字には「しなやかさ」「芯のたしかさ」という意味があるのだ。顔と貌も違う。後者には勁さと優しさ、人格が伴う。

高杉作品にバイブレートした私は、「風貌姿勢」という四文字熟語を思い出した。そして戦後成長期の財界を背負った石坂泰三氏が甦る。

一八八六年（明治一九年）六月三日、東京下谷生まれの石坂さんは、漢学を教える父と、やはり教育熱心な母に厳しくしつけられた。

「勉強中に居眠りをすると、針仕事をしている母に物差しでぴしゃり、と何度もたたかれました」

府立一中（現日比谷高校）、旧制一高（現東大教養学部）を経て東京大学法学部を卒業。明治期の役所のひとつ、逓信省に入る。だが四年で役人生活を辞め第一生命へ。累進して同社社長を八年。戦後は東芝社長をやはり八年務め、一九五六年（昭和三一年）から六八年まで一二年間にわたって経団連会長。そして、日本万国博覧会の会長として「人類の進歩と調和」をテーマにする、いわゆる〝大阪万博〟を成功させたのだ。

私は、二回のインタビューを忘れない。ひとつは一九六〇年の正月だった。皇居の新年歌会始に、財界を代表して御題『光』を詠進する石坂さんのプロフィールを書くためだった。当方はまだ二八歳。経

済記者として駆け出しのころである。なぜ、そんな若造が財界の大御所に？　その経緯を書いておこう。経団連記者会所属の産経キャップ（財界担当）にデスクから電話があった。あいにく外出中だ。するとデスクは、機械（自動車、家電など）担当の私に「君が取材しろ」という。

石坂さんは、緊張気味の若い記者の肩をほぐすように、ざっくばらんに語りはじめた。

「氏なくして玉の輿に乗るとは、このことだね」

帰りに、『しのぶ草』と題する歌集もいただいた。五年前に亡くなった雪子夫人の帯地で装本したという。

妻をおもう情愛の深さ。それは「今日もまたかえらぬ妻をしのびつつ　あへなくくるる雨の冬の日」という歌になった。

そして「近ごろの若者はなっていないね」と、青年のモラルの低下を嘆く石坂さんも、やはりひとりの父親。次男の泰介氏を先の戦争の比島戦線で失ったときは「子を亡ひて　夜ごと日ごとの悲しみにむせびてひらく吾子のふみかな」と詠んだ。

この記事を書いてからしばらくして、一通の封書が記者のもとに舞い込んだ。巻き紙に鮮やかな筆跡をのせた、ある婦人からの手紙――「私も息子を戦死させたのですが、こんな偶然もあるのでしょうか。私の詠んだ歌が石坂さまのそれとまったく同じであり、感動に打たれてつたない筆をとりました」。

私は、その手紙をすぐ石坂さんに届けた。

「ほう、そんなこともあるんですかねえ」と笑いながら手紙をひらいた石坂さんは、読むうちに眼鏡をはずし、ハンカチで顔をおおってしまった。

二つ目のインタビューはそれから一〇年後、大阪万博が始まる寸前だった。

「経済が成長する時代に、経団連会長をやらせていただいた私は、恵まれていましたね。けれども明治維新と戦後の目を見張る経済再建は、日本人の優秀さを示すものです。

万国博は、絶対に成功させなきゃいけません。カケッコのオリンピックとは違います。失敗すれば世界に恥をさらすことになるでしょう。成功するかどうかは、君たちの筆先ひつにかかっています」

それこそ、分刻みの忙しい中、きれいな標準語で丁寧に答えてくれた。だが、質問の筋が違ったり、この人のカンにさわることを聞くと、とたんにベランメエの江戸弁になる。たとえば、万博は赤字になるという噂には、目をむいた。

「万博協会の連中はね、やりたくて集まったんじゃねえんだ。政府から頼まれたからやってるんで、そのへんのことカン違いしちゃ困るぜ。ベストは尽くすが、赤字になったってオレは知らんよ」

実際はどうだったか。大阪府の千里丘陵を会場に一九七〇年三月一五日から九月一三日まで開かれた大阪万博は、会期中に六四二二万人という万博史上最多の入場者を記録、二〇〇億円もの黒字を残したのである。

本稿を書くにあたって、作家城山三郎さんの晩年の作品『もう、きみには頼まない――石坂泰三の世界』（文春文庫）を読んだ。

石坂さんは経団連会館建設のため、大手町にある国有財産払下げの認可を得ようと、大蔵省に何度も何度も足を運び、水田三喜男蔵相に頭を下げた。それでも大蔵省側はぬらりくらりで煮え切らない。ついに雷が落ちた。蔵相に向かって「もう、きみには頼まない」。それが表題になった。

「あとがき」にすべてがある。

「存在感のある人間がいま、求められている（中略）。広い野原へ連れ出してくれる大きな人に会ってみたい。王道や大局をつかむ力があり、懐の深い人に――」

「結果はひとつの素描に過ぎないかも知れぬが、いまは、一度でいいから石坂さんにお目にかかってみたかった、という悔いのみが強い」

「企業のトップは、なにをおいても徳義を守る人間でなければならない。リーダーの最高資格はモラルであり、心である」

いまに生きる石坂語録だ。と同時に次の言葉に江戸っ子石坂さんの真骨頂があるような気がする。

「私は、地味な人間です。キザな言い方だけれど、八〇余年の人生を振り返っても、自ら地位や名誉を求めたことはないんです。買いかぶられることや事代的に構えるのが嫌いなんですね」

一九七五年三月六日、石坂さんは八八歳の天寿を全うした。

墓碑銘　その二、児玉清さんの手紙

一九七五年から続くテレビ朝日の長寿番組「パネルクイズ　アタック25」の司会を務めた俳優児玉清（本名北川清）さんが、去る二〇一一年五月一六日に胃がんで亡くなった。七七歳だった。

塾長としては、わが「やじうま広報塾」の例会講師にお招きし、大河ドラマ『龍馬伝』の裏話や読書家ならではの話を聞きたい、と秘かに願っていたのだが、残念である。

五月一九日発行の朝日新聞一面コラム『天声人語』によると、「温厚、誠実な好人物にとどまらず、知的でダンディ。中高年がうらやむ「おじさま」の条件を独り占めしていた」。そして、こう続ける。▼役者の自己陶酔とは無縁だった。テレビで使われる理由を「無味無臭なある種の清潔感、要するにアクの無さ」と自ら解説し、爆弾魔役で取った賞には「やりそうにないやつがやったというのは一度しか効かない」。覚めていた▼長身にまとった知は自前。蔵書で自宅の床が傾くほど。米英の小説は原書で読んだ、などなど。

児玉さんは、ＮＨＫ・ＢＳの書評番組『週刊ブックレビュー』の司会者としても知られた。司会進行だけでなく、自らも一冊取り上げる。

平成五年秋のことだった。恥ずかしながらソニー創業者の評伝『人間井深大』（日本工業新聞社）を出版した時のこと。児玉さんは、拙著を評価され推奨してくれた。

売り込んだわけではない。お会いしたこともない。放送された後、何人かの友人から「すごいな」と冷やかされたことを、きのうのことのように覚えている。

同書は二〇一〇年二月、講談社文庫として甦った。私は、感謝をこめて児玉さんに文庫の「解説」をお願いした。面識はないのに、児玉さんは引き受けてくださった。

私は、手紙を書いた。そして数日後、児玉さんから返書。拝読しながら涙があふれた。

私の手紙と、児玉さんの手紙をそのまま、いっさい手を加えずにお目にかけたい。私は、モンブランの万年筆で黒インキ。児玉さんはなんと毛筆だ。

まず、私から児玉清さんへのお礼状。時候の挨拶などは抜きに、真っ向から直球を投げ込んだ。

〈文字で書けば、慈愛でしょうか。

二月一四日夜、NHK大河ドラマ龍馬伝「遥かなるヌーヨーカ」。その最終シーンに釘付けになりました。

土佐の浜辺に坂本家の家族が憩い、龍馬が世界雄飛を語る、今回のドラマのまさにプロローグという場面ですね。私は、演劇の世界はまったくわかりませんが、まさしく名優児玉清ならではの迫真の演技。一言で言えば「慈愛」の姿に感動したのです。

「やっぱり、児玉清ね」と家内。暮れの総集編でもう一度、と思っています。

名優であり、有数の読書家である児玉清さんが、文庫『人間井深大』の解説を書いてくれた。筆者の執筆の姿勢を読み取ってくださったこと、うれしい。本当にうれしい。当方七七歳になる老書生ですが、児玉さんは私にも「慈愛」をくださった。宝物になりました。

児玉さん、ありがとうございます。

二〇一〇年二月一五日
島谷泰彦拝
児玉清様〉

児玉清さんから私へ。

〈島谷泰彦様

厳しい寒さが続いていますが、益々お元気でお過ごしでらっしゃることと心からお慶び申し上げます。此度はお手紙を頂戴致し光栄です。しかも、嬉しいお言葉を本当に有難うございました。心から御礼申し上げます。何度も何度も有難きお心に感謝申し上げました。

実は、時代劇は二十年振りのことで、何度か断ろうと思ったのですが、福山雅治さんに龍馬を引き受けるようにすすめたものですから、覚悟を決めざるを得なかったのです。しかし、今は、やって良かった、と、しみじみ感じています。生涯にないお褒めのお言葉を頂き、感激です。誉れです。御奥様に何卒、児玉が最高に感激したことをお伝えくださいますよう心からお願い申し上げます。

先に、自分の喜びを書いてしまいまして、済みませんが、『人間井深大』の解説文を書かせていただき誠に光栄でした。ただ、本文の素晴らしさを十分に盛り込めなかったのでは、と申し訳無き気持ちであります。何卒、力不足をお許しくださいますよう…。井深さんの人間の魅力を訴える解説文の不備を申し訳無く思っております。お詫びすればいいものでは、ありませんが…。でも心から感動を覚えました。日本にこういう方がもっともっと沢山居てくれたらなあ～と、その爽やかさと、知恵の見事さ、大人振りに深く深く感銘を受けました。これも偏に島谷さんのお蔭です。重ねまして心から御礼申し上げる次第です。

寒さは続くようです。どうぞくれぐれもご自愛の上、さらなる御健勝と御活躍を心からお祈り申し上げます。

敬白

二〇一〇年二月一六日

児玉清〉

返書の日付で分かるように、児玉さんは私の手紙を読まれてすぐに筆を執られたに違いない。誠実な方なんだな、と思う。

「手紙は人生の応援歌」という持論は、これまで何度もしゃべったり書いてきた。たとえば、こんな具合。

〈ご用とお急ぎの向きは、携帯、あるいはメールでどうぞ。だが、広報コミュニケーションに関わる身としては、こちらの気持ちをしっかり相手に伝える、という意味で手紙を粗末にしてはいけない。哲人、森信三先生（故人）の珠玉の語録を編んだ『一日一語』によれば「手紙の返事を書くかどうかで、その人間がわかる」と厳しいご託宣だ。

ミリオンセラーになった永六輔さんの『大往生』（岩波新書）は、ご父君に捧げる書物だが、その魂のこもった文章は、読者の心を揺さぶる。結びに近く、著者はこう書いている。

「無理をしない。静かに生きる。借りたら返す。父の生き方をまとめるとこの三つになる。借りたら返す、ということは、たとえば手紙の返事も必ず書くということだ。手紙の返事も書けない忙しさは、人間として恥ずかしい。この躾で育ったため、私は放送の仕事で、年間三万通を超える投書のすべてに手紙を書いて倒れたことすらある」〉

この「手紙は人生の応援歌」というテーマは、五年前に上梓した拙著『修羅場をくぐった広報マン』の第二部「コミュニケーションの実際」に詳述しているので、ぜひ読んでほしい。

結論としては、手紙に名文は要らない、ということ。でも、これだけは言える。書かなければ伝わらない。

私の場合、情報伝達、コミュニケーション手段としてメールが圧倒的に増えた。ときたまパソコンの機嫌が悪くて受信できず、迷惑をかけてしまうが、原則として頂戴したメールには返信する。

児玉清さんが監修された名著を結びにしよう。

『人生という名の手紙』(ダニエル・ゴットリーブ著、二〇〇八年六月、講談社)。交通事故で四肢麻痺した精神分析医の著者が初孫のサムへ「人間であるとは、どういうことなのか」を手紙の形で贈った三二通。愛すべき待望の初孫サムは自閉症児という。

生きること、愛すること。障害というもの、家族というもの、男というもの。成功と挫折。生きていくうえで忘れてはならない大切なことが、同書には詰まっている。

墓碑銘　その三、わが心の師、小島直記先生逝く

「自伝信ずべからず・他伝信ずべからず」をモットーに、伝記文学の分野を切り拓いた男。わが心の師でもある小島直記先生が二〇〇八年九月一四日に亡くなった。八九歳。まさしく大往生だった。

ご最期の様子について、ゆかり夫人と、長男でやはり作家の英記さんが言われる。

「二週間ほど前から、ほとんど食欲がなくなり、かかりつけの医者に診てもらいました。本来なら、とりあえず点滴ですが、からだが受け付けません。老衰の状態ですね。

自宅に連れて帰りました。なんの管もつけず、家族に見守られて、穏やかに呼吸がとまりました。その数日前、なぜか、島谷さん、どうしているかなあ、と」

先生は一九一九年生まれだから、お年を覚えやすい。二〇〇九年の来年は九〇歳、卆寿を迎えられる。

この夏、ふと、そのことを思った。なぜ、お元気な間に訪ねなかったか。悔しい。

遺影の前に、愛用の黒いハット。懐かしさがこみあげ、そして先生の声が聞こえてくる。

「一つの会社が興り、その中で一個の人材が育つ、とはどういうことか。私の生涯のテーマです」

みなさんは、小島作品を読まれたであろうか。

私は『小説三井物産』（講談社文庫）、『福沢山脈』（河出文庫）と、〝電力の鬼〟松永安左ェ門の壮絶な人生を描いた『まかり通る』（新潮文庫）に魅せられ、小島ファンになっていった。

初期の作品である『人間勘定』は、一九五六年の第三四回芥川賞の最有力候補だった。惜しくも石原慎太郎氏の『太陽の季節』に栄誉を譲ったが、辛口評論家で書評家としても知られる佐高信氏をして

「ベストワンともいうべき経済小説」と言わせている。雑誌『選択』の創刊号から連載された『古典からのめっせいじ』は、その後『出世を急がぬ男たち』『逆境を愛した男たち』『回り道を選んだ男たち』など男たちシリーズとして単行本化され人気を集めたので、記憶にあるだろう（いずれも新潮文庫にある）。

小島先生は、福岡県八女市の出身。旧制福岡高校を経て東大経済学部を卒業。海軍主計大尉で復員した。戦後は、教員や計理士を勤めたあと、ブリヂストンに入社。社長室勤務で社内報を担当したこともある。

作家として独立したのは一九六六年、四七歳になっていた。

私が、先生に初めてお会いしたのは一九七三年の秋、東京紀尾井町のホテルニューオータニ。夕刊フジの連載をお願いした。おりしも、田中内閣の金権政治が国家を蹂躙していたころである。

「金もいらぬ名もいらぬ、という生き方をしたさわやかな男たち。そして、家を忘れ身を忘れ、世のため人のためにばかり働いた男たち。そんな男の物語を書きたいですね。いうなれば〝日本浪人伝〟……」

真っ昼間だというのに、みるみるビール瓶が林立していく。「私どもはよろしいのですが」と心配そうな仲居さん。

お酒の話といえば、小島先生にお目にかかると、いつも酒宴になってしまう。私はまずワイシャツのボタンを外し、いただいた原稿を胸にしっかり収めたあとボタンをかけ「では遠慮なく頂戴します」。

なにしろ、当方は浅学非才の身。万巻の書を渉猟された小島先生との会話に緊張しながら飲むせいか、帰りの電車の中で急激に酔いが出てくる。原稿をなくしたら一大事！　で、文字通り「肌身離さず」というわけだ。

最初の連載は、一九七四年一月にスタートした。明治の浪人群像に光をあてた、その名も『無冠の男』。ついで、激動の大正期を解剖する『大過渡期』を経て、一九八三年一〇月から八五年一月まで連載の『昭和の大蔵大臣』へ。まさしく明治─大正─昭和と三代にわたる雄渾の人物経済史であり、実に延べ一〇二二回を数える。

駅売りの夕刊即売紙だけに、硬派読物の長期連載はいかがなものか、という声を聞かないでもなかった。しかし「筆者の姿勢に心が洗われる」「受験生の息子にも読ませたいので、毎晩、買って帰る」「夕刊フジの良心を感じる」といった読者の手紙や電話に励まされて、担当記者の私は奮い立った。

前記三つの作品を通じ、私には「小島直記の『同時代史』にかかわった」という感慨がある。

小島先生の逗子のお宅に初めてうかがったとき、書斎のデスクに三宅雪嶺の『同時代史』（全六巻、岩波書店）が置いてあった。小島作品の『人材水脈』（中公文庫）などで雪嶺の「凄みのある筆誅」を読むにつけ、わたしは雪嶺ファンにもなっていて、同時に「なんとしても、小島直記の『同時代史』を完成させる」という使命感のようなものを抱いたのだった。

一〇年あまり、精一杯に小島先生のお供をした。虚栄を張っても、先生はすぐに見破ってしまうだろう。私は一九四二年、小学四年のときに父を失い、B29の東京大空襲─終戦、貨幣価値を失うインフレと続く激浪にもまれながら、家は没落していったことなどを正直に申しあげた。

そんな私に、小島先生はやさしかった。

「中央公論の『世界の名著』（当初は全六六巻）を読破したら、いまどきの東大大学院なんてへのカッパ。おたがい一生、勉強です。本を読もうじゃないですか。私は一人っ子だけど、弟がひとりできたようだなあ」

私は、急に感情が激してきて、涙があふれた。

先生に薦められた『世界の名著』は、全巻を揃えた。あらためて、拙い読書ノートを見ると、第一回配本のニーチェを皮切りにプラトン、アリストテレス、ヘロドトス、マキアヴェリ、ホッブス、ルソー、デカルド、トインビー。それに孔子・孟子、老子・荘子、司馬遷など。全体の二割を読んだかどうかさえ怪しい。ときに再挑戦を試みるが、死ぬまでに読み切ることは無理だろう。

それはともかく、小島先生には、人生の教訓や読むべき本を教えていただいた。

「人間、出会いが大切ですね。人間と人間が出会ったとき、魂のバイブレーションがあるか。己を磨き、心が澄んでいなければ、本物と出会うことはできません」

小島作品のひとつに『志に生きた先師たち』（新潮文庫）がある。志のない現代に問う、まさに渾身の人物随想だが、同書の三四話「己の何を捨てるか」に私は共鳴した。その一部を要約するとー。

〈人生を「戦場」にたとえる人は多い。そういう人生で敗者とならぬためにはどうしたらよいか。剣道の例を見よう。その道の達人にきいたところ、大切なのは「構え」でなく、「間合い」、すなわち、敵と自分との間隔であるという。

斬られまい、として間合いをひろげれば、敵を斬ることができない。斬ろう、として間合いをちぢめれば、敵から斬られる危険性が大となる。斬ると斬られるという絶対に矛盾するものの自己同一、生と死との表裏一体の境地に自らをおいて「皮を斬らして肉を斬り、肉を斬らして骨を斬る」という紙一重の必殺戦法をとらないかぎり、敵は斬れないとのことである。

要は、「斬らして」という境地、自分の何を捨てるか、ということになる〉

小島先生は、生きている。

ご仏壇にある先生の位牌、戒名に見入っていると、ゆかり夫人と英記さんがこもごもに説明してくださった。

『浄本院史傳直心居士』

「自作の戒名です。二〇年ほど前、直腸がんを発症したときに考えたようですね。死を覚悟したのでしょうか。ただ、直心が〝直情〟になっていて、僧侶が〝いくらなんでも直情はまずい〟と直心に改められました」

いかにも直情型の先生らしい。あの世で呵呵大笑されているかもしれない。

墓碑銘　その四、最後の新聞記者、山路昭平さん

その棺は、オレンジ色も鮮やかな夕刊フジの大旗で覆われた。

夕刊フジOBのだれもが痛恨の言葉を発した。

「最後の新聞記者が死んだ」。山路昭平さん。享年八三歳。

私は、夕刊フジOBの集まり『オレンジ会』の会長、馬見塚達雄さん（元編集局長）から電話をもらった。

「山路さんが二月一五日自宅で倒れ、肋骨骨折。救急車で病院へ。意識はない。救命装置をつけたが、率直にいって危ない」

私ごとながら、変形股関節症の手術を終え、病院内でリハビリを始めていたころだ。主治医の坂本優子先生に直訴した。

「かけがえのない先輩の生命が消えかかっています。万が一の場合、這ってでもいかねば、己が許せません」

翌朝、坂本先生は「点滴をはずし、松葉づえの練習に入る」と言われた。

馬見塚さんによると、「医師は、救命装置をはずすかどうか、家族と話し合っているそうです」。はずすことは死を意味する。家族も覚悟を決め始めたころ、なんと病人は自らの意思で装置の管を引きちぎり、意識も多少戻ったのだ。

五月九日、夕刊フジOBの仲間と横浜市石川町にある病院へ。ひとりひとり手を包む。あたたかい。

何か言いたそうな雰囲気だ。そして一八日に退院。横浜市金沢文庫の自宅に戻った。まさしく奇跡が起きたのである。

だが、かつて心臓大動脈瘤を手術。その再手術を指示されていただけに楽観はできない。

五月二四日、危篤の報。そして二五日午前六時二〇分、呼吸器不全で死去。

「最後の新聞記者」について述べたい。

いまさら「昔の新聞記者には志があった」と、姑の嫁いびりのような嫌味を言うつもりはない。時代が変われば、新聞社も新聞記者も変質していく。やむをえないと思う。

私ごとながら、一九六九年二月二五日創刊の『夕刊フジ』に参画したとき、自らの意志で記者クラブを脱会した。人間くさい、自由奔放な新聞をつくるんだ。いうなればフリーになって週刊誌に原稿を書くような精神状態に己を追い込んだのである。

最後の新聞記者、山路昭平さんは、明治の傑出した言論人、山路愛山の孫であり、父親の久三郎氏も新聞人だった。いうなれば新聞記者三代である。

洋子夫人によれば「倒れる前、地方の図書館に通っていました。愛山に関する資料を集めていたのではないかしら?」

残念。孫の書いた「愛山物語」が読みたかった。

「人間くさい、本音の新聞を創りたい」というモットーを掲げて、タブロイド版の夕刊即売紙を成功させた男、山路昭平さん。それは、敬愛する戦友、馬見塚達雄さんの名著『夕刊フジの挑戦　本音ジャーナリズムの誕生』(阪急コミュニケーションズ、二〇〇四年九月刊)にくわしい。その中の一節を。

「少数精鋭で発足したそのころの夕刊フジを、山路は『独立愚連隊』とよび、大阪社会部から参加した原口順安は『山路次郎長に率いられた清水一家だった』と回想する。

山路親分は記者の草鞋をぬいだあと、岡山放送社長、同会長を務めた。

山路さんの通夜、告別式は、馬見塚さんと、松村幸夫さん（夕刊フジ元整理部長）が魂のこもった設営をしてくれた。

そしてマミちゃん（通常、馬見塚さんをそう呼ぶ）は、弔辞を読む偉い人の中に私を加えたのだ。畏れ多いことながら「事実をたんたんと、できるだけ短く」を意識して、次のような弔辞を捧げた。

弔辞

山路昭平さん、悲しいです。

この一八日に退院されたときは、不二鳥は甦る、と信じたのですが、無念です。心からお冥福をお祈りします。

山路さん。夕刊フジ在職中は怖くて近寄れなかった。でも、当方、五五歳で定年、風来坊になった後は、自称山路派の一の子分と思っていました。ほぼ二五年間、毎年正月二日には金沢文庫のお宅に年賀にうかがいましたね。洋子奥様手作りのおいしい料理で山路さんと盃を重ねる。まさに醍醐味でした。

山路さん。思い出は尽きません。三つだけ申し述べます。

四〇年前、四歳の娘が公園前でタクシーにはねられ、脳幹挫傷で生死をさまよったとき、鬼編集長の山路さんは集中治療室の隅にどっかとあぐらをかいた。そして奇跡を起こした少年の話をしながら、私を励ましてくださった。

叱られて反抗して、若い記者と飲んだくれた。午前一時過ぎ、最後の仕上げに寄った居酒屋。山路さんは運動部長の尾登さんと飲んでおられた。そして、ニヤッと笑って伝票を持って行ってくれましたね。

あとで聞いたのですが「部下を強く叱った場合、不快な思いを家に持ち帰らないようフォローすべきなんだ」と。

私ごとながら、三〇数人の広報担当者を同志とする『やじうま広報塾』なる勉強会を主宰しています。

旗印は「嘘をつくな・逃げるな・隠すな」。夕刊フジ時代、山路さんに叩き込まれたことです。いまの政治の世界に向け、山路さんは天国から「嘘をつくな・逃げるな・隠すな」と叱咤されているに違いありません。

最後の新聞人、山路昭平さん。真の優しさと強さを教えてくださいました。ありがとうございます。安らかにお眠りください。

平成二三年五月二七日

島谷泰彦合掌。


二五年前、素浪人になったとき、山路さんは言われた。

「箸は二本、ペンは一本、がんばれよ」

私は、その言葉を忘れない。

エピローグ

例会講師に感慨あり

「やじうま広報塾」は、異業種の広報担当者が激務をこなしながら、広報の進化に向けて切磋琢磨する。この種の、いうなれば手弁当で運営する勉強会が二〇年も続いている、という事実を誇りにしたい。

わが塾は、名簿（アイウエオ順）によると、アデランス、宇部興産、カゴメ、キリンビール、協和発酵キリン、サントリー、住友重機械工業、ソネットエンタテインメント、大正製薬、大正富山薬品、ポラス、電通、ＴＯＴＯ、東北電力東京支社、トヨタ自動車、日本能率協会コンサルティング、農林水産省、バイエル、日立製作所、ぴあ、ベネッセコーポレーション、三菱電機、三菱電機エンジニアリング、三菱電機ビルテクノサービス、明治、楽天、リクルートキャリア、リクルートホールディングスの二八社。

メンバーは、事務局と塾報編集部、それに例会を仕切るA、B、C3チームのどれかに所属する。

某日、塾報を整理しながら、一気に「やじうま広報塾年表」をつくった。年に一回の合宿および夏と暮れの懇親パーティを除くと、一九九五年四月から一五年三月まで例会は延べ一八二回を数える。このうち塾長講演やメンバー間の討論などを別にすると、お招きした講師は延べ一五〇人。職種が片寄らないように実務家、メディア、作家、評論家、学者とバランスがとれた人選になっている。

例会の講師には、私なりに感慨がある。そのことにふれる前に、旗揚げをした一九九五年度についてふれておこう（文中の講師肩書はお招きした当時のもの）。

一九九五年四月二七日　創塾（軽団連会館）
五月一八日　講師・高杉良さん（作家）「経済小説の内幕」。
六月一三日　佐高信の美学を考える　自由討論。
七月一一日　講師・佐高信さん。
辛口評論家として名高い人物をどうとらえるか。前もって討論してから講師に招く。「やじうま」ならでは企画だ。
案の定、勇気ある女性メンバーのひとりがかみついた。
「なぜ、そのように悪意を持つんですか」
佐高さんは苦笑いしながら、優しく応えた。
「広報担当者は、外の目を持つ。社員であることを忘れなさい」
時には危機管理、メディアとの接し方、新聞の読み方などについて自由討論も行なった。
九月一二日　新聞記事の読み方　自由討論。
一〇月二四日　新聞記者との接し方（企業危機を実例にメンバー発表）
一一月一四日　講師・朝日新聞編集委員、猪狩章さん「体験的メモ学」。
一二月八日～九日　合宿（ＴＯＴＯ東富士研修所）一六名参加。
新聞研究グループＶＳ銀行研究グループ。
広報が遅れている業種は新聞と銀行、という認識から、参加メンバーを四〇代と三〇代に分け、前もって実態を調べて合宿にのぞんでいる。

一九九六年一月二三日　合宿の報告と講評。

二月一三日　講師・リクルート「仕事の教室」の編集長、木下雅也さん。

三月一二日　①島谷泰彦塾長の初年度総括②猪狩誠也東京経済大学教授「学生の広報観」。

ここまで会場は、大手町の経済広報センター会議室だったが。一九九六年度四月から銀座のリクルート本社に移った。お弁当と缶ビールつき。清水園江さんはじめ、リクルート広報部のみなさんにお世話をかけたこと、忘れてはならない（現在は、例会を受け持つチームの本社会議室を使わせていただく一方、例会後の懇親会も設営してもらっている）。

講師では、畏友高杉良さんに三度も無理をお願いした。

わが国有数のエコノミスト、日本経済新聞の滝田洋一記者には通算四度もきていただいた。文字通り塾の経済指南役だった。

実力政治家や経営者の聞き書き、いわゆるオーラル・ヒストリーの第一人者、TBSテレビの「時事放談」でも知られる御厨貴さんは、一九九九年一一月の例会で「都政ウオッチャーとして」と題する貴重な話をしてくださり、さらに二〇〇二年六月には、ずばり「オーラル・ヒストリーの内幕」の講演をされた。

第一線の経営者では、一九九八年一一月、ホテルオークラ副社長、橋本保雄さんの「感動を創る」、一九九九年三月、松井証券社長、松井道夫さんの「証券市場の創造的破壊」、二〇〇一年一二月一一日、トヨタ自動車専務、神尾隆さんの「マイナス情報を取りにいく」。二〇〇三年六月、ルネサステクノロジ会長&CEO、長澤紘一さんの「新会社設立への思い」。それぞれ道を究めた先達の講話だけに、聴

くほうは身が引き締まった

作家では、高杉さんのほか、二〇〇二年四月、佐野眞一さんの「東電ＯＬ殺人事件を中心にルポルタージュ執筆の姿勢について」。二〇〇七年四月、江上剛さんの「広報担当者としてあるべき姿」。

学者、経営コンサルタント、評論家の方々では、新著が話題になっているタイミングをとらえてお招きした。

一九九九年一〇月、ベストセラー『会社はなぜ変われないのか』の著者、柴田昌治さん「風土改革」。二〇〇一年二月、投資顧問会社社長、西澤賢さん「国際アナリストの眼」。同年四四月、話題の著書『自分流プレゼン術』を中心に藤原和博さん。同年一〇月、多摩大助教授、野田稔さん「企業危機の法則」。二〇〇四年六月、シンクタンク・ソフィアバンク代表、田坂広志さん「経営者が語るべき言霊とは何か」。二〇〇七年三月、不敗の雀豪、桜井章一さん「人間力・感性の磨き方」。二〇〇八年二月、『その記者会見間違ってます』の著者、中島経営法律事務所代表、中島茂さん「危機管理広報のポイント」。二〇〇九年四月、新著「資本主義はどうなるのか」と真っ向から大問題に挑んだ東京大学経済学部教授、岩井克人さん。「金融危機後の会社とは？　会社の価値とは？　今、経営者に言いたいこと」をうかがった。私と日立の奥尾北斗さん、カゴメの山本善太さんの三人で本郷の東大赤門をくぐったことが懐かしい。

二〇一二年一一月、二一世紀政策研究所主幹、澤昭裕さん。「日本のエネルギー政策について」。わかりやすく核心を衝く。私は澤ファンになった。

では、広報担当者として、それこそ斬った張ったの関係にある新聞、放送や週刊誌、経済誌のどなたを呼ぶか。講師選びは難しかったはずだが、あえて三人の名前をあげたい。

二〇〇〇年三月、『ＢＲＵＴＵＳ』編集長、斉藤和弘さん。二〇〇二年二月、週刊『東洋経済』副編集長、山崎豪敏さん。二〇〇八年一一月、ＮＨＫ報道局経済部、湯浅庸右さん。

広報の実務関係者では、一九九九年七月、東レ広報室長の斉藤典彦さん。二〇〇四年一一月、ヤマト運輸広報部長、白鳥美紀さん。二〇〇八年六月、日本たばこ産業ＩＲ広報部長、馬場済士さん、二〇〇九年七月、雪印乳業からエステー宣伝部長に転じた鹿毛康司さん。

講演が終わった後、講師を囲んでそれこそ車座のような形で盃を合わせる。

あえて、ひとりの講師にふれたい。

「やじうま広報塾」創成期のころ、塾を支えてくれたＴＯＴＯの初代広報部長、いまは亡き中村豊さんを偲びながら、彼が推薦した日本アイ・ビー・エムお客様満足度向上委員会事務局長、大久保寛治さんを思い出そう。

一九九九年二月、「経営品質賞について」。感銘をうけた私は、二〇〇〇年五月、「人と経営研究所」代表として独立をはかっていた大久保さんを再度お招きした。

「みなさんに問いたい。あなたは価値のある仕事をしていますか」「あなたは、どんな人生を歩きたいですか。我、これを為さん、という志を持ち続けてほしい」

心服する私は、二〇〇六年一一月刊行の拙著『修羅場をくぐった広報マン』（講談社）に、一章を割いている。

実は、もうふたり書かねばならぬ。

リクルートを経て現在、メイテック広報部長を務めている清水園江さん（第一部「広報は人なり」参照）は二〇〇五年四月、「私が広報で学んだこと。そして塾のメンバーに伝えておきたいこと」を話された。

直近では、二〇一三年一月、キリン株式会社CSV本部ブランド戦略部長、坪井純子さんは「広報部・マーケティング部、商業施設経営の経験を通じて」と題する講演をされた。

両氏とも、間もなく役員に選ばれた。わが「やじうま広報塾」の同志である。

みなさん、後に続いてほしい。

エピローグ
爺ちゃんも頑張る

樋口恵子さんの『女、一生の働き方　ＢＢ（貧乏ばあさん）からＨＢ（働くハッピーなばあさん）へ』（海竜社刊）に触発された。

著者は現在、東京家政大学名誉教授。私と同年である。男女共同参加、高齢化社会における介護などの社会問題について歯切れのいい評論、講演で知られる。

彼女が感動したという女性高齢者の川柳が紹介されている。

「はや卒寿　身を引き締めて眉を引く」

樋口さん自身の句もいい。

「えいやっと　掛け声かけて足上げてパンストはいて　喜寿われの朝」

「喜寿われをさだかに映す鏡あり　眉引き紅さし　いざ外出せん」

元気ですねえ。爺ちゃんもがんばらなくっちゃ。

二〇一三年が明けてまもなく、ＮＨＫテレビのインタビュー番組に不世出の名バレリーナ、森下洋子さんが出ていた。その美しさ、六四歳とは思えない。アナウンサーの「今年の決意を色紙に」という注文に『一年生』と書いた。もちろん、その意味は「初心忘れるべからず」だが、なんとも謙虚である。

過日、たまりにたまったスクラップノートや雑誌、不要になった資料を整理していたら、一〇年ほど前に作成した「いい言葉、いい話」という表題のノートが出てきた。いくつか拾ってみよう。

『百歳万歳』というテレビ番組。おばあちゃんは、乾いた洗濯物を一枚一枚、丁寧に畳んでいる。こぼれるような笑顔で言う。「これ、私の仕事なんです」

有料老人ホームに一枚の紙が貼ってあった。

高いつもりで低いのが教養。
低いつもりで高いのが気位。
深いつもりで浅いのが知識。
浅いつもりで深いのが欲望。
厚いつもりで薄いのが人情。
薄いつもりで厚いのが面皮。
強いつもりで弱いのが根性。
弱いつもりで強いのが自我。
多いつもりで少いのが分別。
少いつもりで多いのが無駄。

「本当にこの通りね。反省しなくては」と、ホームの老人はこもごも語っているそうだ。人生経験豊富な老人の言葉だけに重みがある。

『それが丁度よい』（一九九九年の能率手帳にメモしていた詠み人知らずの詩）

顔も体も名前も姓も、おまえはそれが丁度よい。

貧も富も親も子も息子の嫁もその孫も、それはお前に丁度よい。

幸も不幸も喜びも悲しみさえも丁度よい。

歩いたお前の人生は、悪くもなければ良くもない。地獄へ行こうと極楽に行こうと、行ったところが丁度よい。

自惚れる要もなく、卑下する要もない。上もなければ下もない。死の日、月さえも丁度よい。

この詩に出会ってから一五年。ようやく「おまえはおまえで丁度良い」と思うようになった。

娯楽小説にも「いい言葉」はたくさんある。たとえば好きな作家、池波正太郎の『さむらい劇場』。良栄老和尚は主人公にこう言う。

「男というものは、それぞれの身分と暮らしに応じ、モノを食べ、眠り、かぐわしくもやわらかな女体を抱き……こうしたことが、とどこおりなく享受できうればそれでよい。いかにあがいてみても人は……つまるところ男の一生は、それ以上のものではない。人にとってまこと大切なるは天下の大事ではのうて、わが家の小事なのじゃ」

宮部みゆきの日本推理サスペンス大賞受賞作品『魔術はささやく』（一九八九年）。主人公の守は一六歳だが、読者は、少年の優しい人間性に救われる。

守は、錠前破りの名人、じいちゃんと出会った。ある日、じいちゃんは守に語り続ける。

「じいちゃんが思うに、人間てやつには二種類あってな。一つは、できることでも、そうしたくないと思ったらしない人間。もう一つは、できないことでも、したいと思ったらなんとしてもやり遂げてしまう人間。どっちがよくて、どっちが悪いとは決められない。悪いのは、自分の意思でやったりやらなかったことに、言い訳を見つけることだ」

じいちゃん、いいこと言うな、と思う。このとき作者は二九歳。

二〇世紀が終わるころ「二一世紀は貧乏暇ありだ」と言ったのは広告に博識があるコラムニスト天野祐吉さん。「豊かさを量るのに一番わかりやすいモノサシは、お金と時間です。いまの日本は『金持ち暇なし』の状態ですが、二一世紀は『貧乏暇あり』になるでしょう」

まさに卓見。天野さんを例会の講師にお招きしようと思っていたら、天国に逝ってしまわれた。

『定年破壊』（清家篤著）によると「日本人は三過ぎる人生だ」というご託宣。いわく「子どものときに勉強し過ぎる。大人になったら忙し過ぎる。年をとったら暇過ぎる」

俳優高倉健の語録がノートにあった。

「人を一途に思い続けることは、人間に与えられた特権だ」

「涙。人は身体で感激を受け止められなくなったときに涙が出るんですよ」

「日常生活の中で涙を流さなくなった時こそ、人間社会にとって危機ではないか。今はそんな暗い時代に入ってきている気がする」

そして高倉健は言った。

「感動。感じるから人間は動くってことを、僕は大切にしたい」

直接会いたいなあ。もっともっと話を聞きたいなあ。でも、われらが健さんは、二〇一四年一一月一〇日に亡くなってしまった。八三歳だった。

私事で申し訳ないが、二〇〇〇年一二月にオープンしたスポーツクラブ『ルネサンスひばりが丘』に開設以来、週に二～四回は通っている。そして人生暇ありをもじってその名も明るく「ひまわり会」という、七〇代、八〇代の老人七、八人の集まりができた。お互いに健康を気遣いながらも月に一回、近くのおでん屋二階を借り切って、盃を合わせマイクを握る。

だれが言ったか知らないけれど、こんな笑い話がある。

「子ども叱るな、来た道だもの。

年寄り笑うな、行く道だもの」

当方はもう、「行く道」に来てしまった。どこへ行くか。

「一日一生」である。

あとがき

読む・書く・呑む。そんな生き方をして、二〇一五年六月、八三歳になる。戦前派の人に比べたら年齢の七掛けがちょうどよい。とすると、まもなく還暦へ。人生これからだと、いきがっている。

本書が上梓されるころ、名刺ができてきた。

「やじうま広報塾塾長」島谷泰彦

しばらく見入る。それなりの感慨がある。昭和が平成に替わるころ五五歳で定年。素浪人になってからずっとジャーナリストを名乗ってきたが、その肩書を外したのだ。

このことは『修羅場をくぐった広報マン』（講談社、二〇〇六年刊）をまとめたころからの懸案だった。

「私は、懸命に走る広報パースンの伴走者なんだ」

新しい名刺を手にしながら、生まれ変わったような気分になっている。

家族と、若い同志の声援を背に、変形股関節症によるチタン人工骨取り換えの手術をした。術後、しばらくぶりに例会に顔を出すと、「顔色がよくなった」という。お世辞でもうれしい。

杖も早くに手放した。近所の住人が驚くくらいの回復力である。老書生に「気」を入れてくれる、わが「やじうま応報塾」の仲間に心からお礼を言いたい。本当にありがとう。

今回も多くの諸先達の書物にたすけてもらった。感謝をこめて座右の書の一端を示そう（参考図書として別掲）。

まず『言志四録』（佐藤一斎著、川上正光全訳注、講談社学術文庫）。言志録、言志後録、言志晩録、言志耋録の四冊。私は、三冊目の晩録をとくに愛読。海外旅行にはいつも持参している。

一三条「一燈を頼め」。私にとって一燈とは、自己の堅忍不抜の向上心のこと。「志」と言い換えてもいい。「プロローグ」でふれたが、もう一度声に出したい。

「一燈を提げて暗夜を行く。暗夜を憂うること勿れ。只だ一燈を頼め」

例記として織田信長が登場する。

信長は言った。「人、城を頼らば、城、人を捨てん」誠に信長らしく勇ましい。

『臨済録』（入矢義高訳注、岩波文庫）は難解だが、次の逸話は覚えておきたい。

明治期、住友総理事として活躍した伊庭貞剛は、別子銅山の大争議解決に単身乗り込んだとき、この書一冊を懐にしていた。伊庭は出処進退に鮮やかな人だったといわれ、雑誌に寄稿した「少壮と老成」という一文に「事業の進歩発達に最も害するのは、青年の過失ではなく老人の跋扈である」と書いた。いまに生きる言葉であろう。

その『臨済録』の一節。「示衆」という章の四番目に「随処に主となる」という言葉がある「随処に主と作れば立処皆真也」〈その場その場で主人公となれば、己の在り場所みな真実の場となる〉。最善を尽くすということだろう。

池波正太郎作品は、人生の書である。『鬼平犯科帳』（文春文庫）はもちろんおすすめだが、エッセーもいい。たとえば『男の作法』新潮文庫）。

「余裕をもって生きるということは、時間の余裕を絶えずつくっておくということに他ならない。一日の流れ、一月の流れ、一年の流れを前もって考え、自分に合わせて、わかっていることはすべて予定を書き入れて余分な時間を生み出す……そうすることが、つまり人生の余裕をつくることなんだよ。それをしないから、いざというときになって泡をくらっちゃうことになる」「人間の一生は、半分は運命的に決まっているかもしれない。だけど、残りの半分はやっぱりその人自身の問題です。みがくべきときにみがくか、みがかないか……結局はそれが一番に肝心ということですよ。それならば男は何で自分をみがくか。人間は死ぬ……という、この簡明な事実をできるだけ若いころから意識することにある。もう、そのことに尽きるといってもいい」

ときには『論語』を読む。

「朋遠方より来る、また楽しからずや」

みなさん、これは知っている。では次のフレーズはどうか。

「徳孤ならず、必ず隣あり」

まじめに、まともに生きている人は決して孤独にはならない。必ず同志が集まってくる。

「やじうま広報塾」にそれが実証された、と思う。

一冊の本が生まれるまでに、取材に応じてくれた方々はもちろん、いかに多くの人に支えられ励ましていただいたか。自然に涙があふれる。本書に登場した方々の肩書、年齢は取材時のままだが、意を尽くさない個所があるとすれば、それはすべて筆力が足りない筆者の責任である。

本来なら「まえがき」で真っ先に書くべき編集者との出会いにふれたい。

友人の元帝人広報部長、萩原誠さんが彩流社から『会社を救う広報とは何か』を刊行。その出版記念会が開かれた。どういうわけか私に「代表スピーチをしろ」という。参会者は二〇数人。あったかい雰囲気に心が溶けたのか「やじうま広報塾」の宣伝をしてしまう。

真っ先に彩流社の高梨治さんと名刺交換。そしてすぐに竹内淳夫社長を紹介された。おふたりとも「原稿を読ませてもらいます」。高梨さんは、広報部長であると同時に編集や宣伝にもかかわる出版のエキスパートだ。

萩原さんのパーティに欠席していたら、本書は生まれていない。まさしく人生は一期一会である。ここまでお付き合いくださった、読者のみなさんに心から感謝し、筆をおきたい。

二〇一五年一月

島谷泰彦

参考文献（登場順）

『オレたちバブル入行組』『オレたち花の入行組』（池井戸潤著、文春文庫）
『ロスジェネの逆襲』（池井戸潤著、ダイヤモンド社）
『言志四録』（佐藤一斎著、川上正光全訳注、講談社学術文庫）
『日本広報史』（日本広報学会広報史研究会）
『企業の発展と広報戦略　50年の歩みと展望』（経済広報センター監修、猪狩誠也編編、日経ＢＰ社刊）
『自分の小さな「箱」から脱出する方法』（アービン・インスティチュート著、金森重樹監修）
『実践戦略学』『超・戦略スタッフ』（成田重行著、ダイヤモンド社）
［洋酒天国］とその時代』（小玉武著、筑摩書房）
『新潮日本文学アルバム　山本周五郎』（新潮社）
『アイデアのつくり方』［ジェームス・Ｗ・ヤング著、今井茂雄訳、阪急コミュニケーションズ刊）
『アメリカン・フットボール』（武田建著、新潮文庫）
『幸福論』（アラン著、岩波文庫］
『人にやさしい会社』［日本経営倫理学会編、白桃書房］
『広報室沈黙す』（高杉良著、文春文庫ほか）
『日本の広報・ＰＲ一〇〇年』（猪狩誠也編著、同友館
『石橋湛山全集』全一五巻（東洋経済新報社）
『異端の言説　石橋湛山』上下二巻（小島直記著、新潮社）
『精神論抜きの電力入門』（澤昭裕著、新潮新書）
『会社はこれからどうなるか』（岩井克人著、平凡社）
『なんとか会社を変えてやろう』（柴田昌治著、日本経済新聞社）

『日本近現代史』（坂野潤治著、ちくま新書）
『新しいマーケティングの実際』（佐川幸三郎著、プレジデント社）
『堕落する高級ブランド』（ダナ・トーマス著、実川元子訳、講談社）
『暖簾』（山崎豊子著、新潮文庫）
『商人　あきんど』（ねじめ正一著、集英社）
『資本主義はなぜ自壊したのか「日本」再生への提言』（中谷巌著、集英社インターナショナル）
『石田梅岩のことば――素読用』（寺田一清編、登龍館）
『森信三先生　武田一清編、刊行』』
『都鄙問答　経営の道と心』（由井常彦著、日経ビジネス人文庫）
『企業倫理とは何か　石田梅岩に学ぶCSRの精神』（平田雅彦著、PHP新書）
『二十一世紀の資本主義論』（岩井克人著、ちくま学芸文庫）
『西鶴の感情』（富岡多恵子著、講談社文芸文庫」
『江戸商人の経営』（鈴木浩三著、日本経済新聞出版社）
『匠の時代』（内橋克人著、岩波現代文庫）
『時代を動かす言葉　私が感動した名言100』（轡田隆史著、講談社）
『ワイン賛歌』（熱田貴著）
『窓際OL　トホホな朝、ウフフの夜』（斎藤由香、新潮社）
『酒呑みの自己弁護』（山口瞳著、ちくま文庫）
『男の貌　私の出会った経営者たち』（高杉良著、新潮新書）
『もう、きみには頼まない――石坂泰三の世界』（城山三郎著、岩波文庫）
『大往生』（永六輔著、岩波新書）
『人生という名の手紙』（児玉清監修、ダニエル・ゴットリーブ著、講談社）
『出世を急がぬ男たち』『逆境を愛した男たち』『回り道を選んだ男たち』『志に生きた先師たち』『無冠の男』

参考文献

『大過渡期』（小島直記著、新潮文庫）
『夕刊フジの挑戦　本音ジャーナリズムの誕生』（馬見塚達雄著、阪急コミュニケーションズ）
『女、一生の働き方　貧乏ばあさんから働くハッピーなばあさんへ』（樋口恵子著、海竜社）
『魔術はささやく』（宮部みゆき著、新潮社）
『定年破壊』（清家篤、講談社）
『臨済録』（入矢義高訳注、岩波文庫）
『男の作法』『さむらい劇場』（池波正太郎著、新潮文庫）

このほか、『企業に「心の人」あり』『修羅場をくぐった広報マン』（講談社）、『「企業風土」大転換の時代』『百考は一行に如かず「企業社会」変革への決断』『がんばれ！　会社人間』（オーエス出版）、『ＴＯＴＯのヒューマン経営』（ＴＢＳブリタニカ）、『人間井深大』（電子図書、講談社文庫）などの拙著を適宜引用した。

【著者紹介】
島谷泰彦
（しまや・やすひこ）

1932年東京都生まれ。速記者を体験したのち55年、産経新聞東京本社に入社。
経済部で流通、金融保険、産業（自動車、電機、機械、カメラ、時計、石油、化学、鉄鋼業界）、
通産省（現経産省）経営マーケティングなどの分野を担当する。
1969年創刊の『夕刊フジ』立ち上げに参画、報道部次長、報道部長を経て87年退職、
以降フリーに。執筆活動のかたわら、松下政経塾講師のほか、各種セミナー、
文章指導に携わる。経済広報センターが選定する「企業広報賞」の選考委員を務めた。
主な著作に『企業に「心の人」あり』（講談社）、『企業風土大転換の時代』
『百考は一行に如かず　「企業社会」変革への決断』『がんばれ！　会社人間』（以上、オーエス出版）、『人間井深大』（日本工業新聞社）、同文庫版（講談社）、
『修羅場をくぐった広報マン』（講談社）など。ほかに共著として『企業の発展と広報戦略　50年の歩みと展望』（経済広報センター監修、日経ＢＰ企画）がある。
1995年、若手広報担当者約30名で「人間大好き。嘘をつかない・逃げない・隠さない」を旗印に『やじうま報塾』を発足させ塾長。日本広報学会会員。

Sairyusha

実践《じっせん》！「やじうま広報塾《こうほうじゅく》」

二〇一五年三月一日　初版第一刷

著者――島谷泰彦
発行者――竹内淳夫
発行所――株式会社 彩流社
〒102-0071
東京都千代田区富士見2-2-2
電話：03-3234-5931
ファックス：03-3234-5932
E-mail：sairyusha@sairyusha.co.jp
印刷――明和印刷（株）
製本――（株）村上製本所
装丁――長澤 均＋建山 豊（papier collé）

ISBN978-4-7791-2091-6 C0034
http://www.sairyusha.co.jp